日本語という外国語

荒川洋平

講談社現代新書

2013

はじめに

僕は、二十年以上、外国人に日本語を教えてきました。この本は、その日本語教育の経験を通して、日本語を、日本人が普通に考えているのとは違う視点、つまり「外国語」として考えなおし、とらえなおしてみようとしたものです。

日本語は、私たちがずっと使い続けてきたことばです。それだけに、私たちは日本語について思い入れがあるし、ちょっとひとこと言いたくなるものです。

「日本語は独特なことばだ」

「敬語があるから難しい」

「漢字・ひらがな・カタカナを使い分けるのはたいへんだ」

けれども、ほんとうにそうでしょうか？

日本語を外から眺《なが》めてみると、私たちが信じているほど独特なものではないし、外国人にとってやさしい面もある、ということに気づきます。

一方で、私たちが自覚していない魅力や個性にも気づきます。

本書では、そのような日本語の魅力やおもしろさを、紹介できればと思います。


日本語を外から見る、といっても、いろいろなやりかたがあります。

たとえば浜辺に立って日本語という海を眺めるというやりかたもあります。けれども、それではおもしろくないし、じきに飽きてしまいます。

ここは、思い切って波打ち際へ進み、肩まで浸《つ》かり、ゆっくり海に潜《もぐ》ってみましょう。

海の中には、浜辺からは見えなかった、美しいわくわくする世界が広がっています。

この本はその意味で「日本語ダイビング」のようなものです。みなさんが、外の視点から日本語を眺め、考えるおもしろさに気づいてくれれば幸いです。

目次

第1章　日本語はどんな外国語か？

日本語人口は世界で何位？

言語学では、話し手が多くいる言語を「大言語」、相対的に少ない言語を「小言語」と呼んでいます。

日本語は、この区分でどちらに入るでしょうか？

実は日本語は、大言語です。

自分の第一のことばとして日本語を話す人の数は、全言語のうち第九位であり、世界のベスト10に入ります。

まず一位は中国語です。中国の人口を考えれば、他を圧する話し手の数は当然です。二位はスペイン語です。スペイン語はスペインだけでなく、中米・南米の人々のほぼ半分が使っています。英語はこの二つの言語に続く三位であり、四位はサウジアラビアやエジプトなどで使われている、中東最大の言語であるアラビア語です。五位はインドで第一の公用語として用いられているヒンディー語、六位はバングラデシュとその周辺で話されているベンガル語です。

そして日本語は、七位のポルトガル語、八位のロシア語に続く第九位です。日本語の話し手の数は、大言語ということばからイメージされるドイツ語やフランス語の話し手より多いのです（以上のデータは、二〇〇九年に刊行された*Ethnologue : Languages of the World, 16th edition*, SIL Publications によります）。同書以外の統計・調査をみても、日本語はほぼ、九位から十一位に位置しています。

世界の言語の数は五千とも七千とも言われていますから（二千も差がありますが、これは数え方の違いに由来します）、その中でトップ10入りということは、話し手の数で考える限り、日本語は、世界の言語において、かなりの位置を占めています。

しかし、あまりそう思えないのは、なぜでしょうか。

それは、日本語が日本以外では、ほとんど使われていないからです。

たとえば、英語は六十ヵ国以上で公用語として用いられているうえに、香港や南太平洋諸島でも、その指定を受けており、世界中のほとんどの都市で通じます。

その英語と比べるのもなんですが、日本語は、日本を一歩出たらほとんど通じません。

僕の個人的な経験でも、外国にいて日本語で話しかけられたのは、グアム島の土産店で肩を叩かれての「お兄さん、安いよ！」と、パリの露店で絨毯《じゅうたん》を売っていたトルコ人からの「ジュウタン、見るだけ、見るだけOK！」の、たった二回です。

東京に住むアメリカ人の多くが、通りかかった中学生から、

「ホワッタイム、イズイット、ナウ？（すみません、いま何時ですか？）」などと、英会話の練習がわりに話しかけられるのと比べると、悲しいほどの通じなさです。

つまり世界第九位といっても、その話し手はほとんど日本人だけというのが現状なのです。

けれども、日本語を勉強しようという外国人の数は、着実に増えています。

国際交流基金の調べでは、一九七九年（昭和五十四年）には、海外で日本語を学習する人の数はわずか十二万七千人ほどでした。しかし最新の統計によれば、二〇〇六年（平成十八年）には二百九十八万人以上と、実に**二十七年間で二十三倍以上**になっています。この数は、いままで減少したことはなく、右肩上がりで増えています。

しかもこの統計には、私たちがＮＨＫのテレビ・ラジオ講座などで外国語を勉強するのと同じような、いわゆる独学・独習の人は入っていません。ですから、実数はもっと多くなると考えられています。

日本の都市の規模でたとえると、厄除け大師で有名な栃木県の佐野市（人口十二万人程度）が、わずか三十年足らずで大阪市より規模の大きな都市になったようなものですから、日本語学習者の急増ぶりは、本当に驚きです。

もちろん、この三百万人近くの学習者は世界に点在しており、別にかたまっているわけではありません。それでも大阪市の人口に匹敵するくらいの外国の人が日本語を学んでいるというのは、何だか頼もしい話です。

日本語は本当に難しい？

その三百万人のほんの一部に対して、僕は「外国語としての日本語」を教えています。留学生でにぎわう東京外国語大学のキャンパスで、休み時間に彼ら・彼女たちと話していると、しばしば、ある共通した経験を聞きます。それは、初めて接した日本人に必ず、

「日本語って、難しいでしょう？」

と訊《き》かれるというのです。

たとえば、顔立ちや人種も日本人と異なる外国人留学生が、ホームステイに行き、自己紹介として、

「はじめまして、スティオワティです。インドネシアから参りました」

などと口にします。すると迎える側の日本人の家族は、

（おぉ、この外国人は敬語まで使える！）

と、感嘆した表情になり、同時に必ず、

「でも日本語って、難しいでしょう？」

と、尋ねてくるそうです。

実際、日本人のかなり多くは、日本語というのは特殊な言語であり、外国人にとっては、学習がたいへんに困難だと思っているようです。

確かに、日本語を日常的に用いている私たちだって、漢字が思い出せなかったり、敬語の使い方を間違えたりして、日本語って難しいなあ、と感じることがあります。

しかし本当に、日本語は難しいことばなのでしょうか。

この問いについて、二つの点から考えてみましょう。

まず、音や構造の面で、他の言語と比べて複雑なのかという点です。

他の言語が単純な足し算・引き算のレベルだとすると、日本語は二次方程式のような難しさなのか、という疑問です。

これは、正しくありません。

世界には多種多様な言語がありますが、日常で用いられることばというものは、たいていシンプルな成り立ちです。日本語には確かに他の言語と違うところがありますが、話しことばについていえば、**音や構造が飛び抜けて難しいわけではありません。**

もう一つは、外国語として学ぶ場合に難しいかどうか、という点です。外国語学習では、その言語が自分がすでに知っている言語と似ていればやさしく感じられるし、あまり似ていなければ、難しく思えます。

たとえば、英語の文を作るときのことばの並べ方は、日本語とはかなり違いますね。**I opened that box.** という語順をそのまま日本語にすると、「私は・開けた・あの・箱」となり、「私はあの箱を開けた」という、日本語としての自然な語順とは異なります。

また、日本語と英語では言語のグループが違いますから、open と「あける」、box と「はこ」という単語の「音どうし」には、関連がありません。

海外の空港で、両替所の看板に「両替」を意味する語 changer（フランス語） cambiar（スペイン語） cambiare（イタリア語）などが並んでいるのを見たことがある方は多いでしょう。僕はそれを見るたびに、いいなあ、と思います。というのは、これらのことばのうち一つを自分の第一のことばとしていれば、少なくとも単語の面では、似ている他の言語も学びやすいからです。たとえば、フランス人にとってスペイン語は学びやすいし、スペイン人にとってもフランス語は学びやすいでしょう。

しかし、これらの言語と日本語は異なるグループに属しています。だから、フランス人やスペイン人にとっては、日本語は学びにくく、難しく感じられるはずです。日本語は、(琉球語を日本語の一種とすれば) 言語的に同じグループ(系統) に属することばがない、その意味では「ひとりぼっち」の言語なのです。

中国語や韓国語の話し手にとって日本語は学びやすいか？

では、同じグループでなくても地理的に近い中国語・韓国語(言語学上は「朝鮮語」ですが、本書ではこちらを採用します) の話し手にとってはどうでしょうか。

まず中国語ですが、日本語と中国語は、漢語を多く共有しています。

たとえば、左の例文を見てください。これは、二〇〇八年(平成二十年) 十月十九日付の「人民日報」から引用した、ある記事の最初の部分です。

本报北京10月18日电　政协十一届全国委员会常务委员会第三次会议圆满完成各项议程，于18日上午在北京闭幕。

現在の中国では「簡体字」と呼ばれる、簡略化した漢字を用いることが多いのですが、普通に漢字の知識がある日本人であれば、この記事は、北京で政府の委員会か何かが閉幕した、ということを伝えているのはわかります。このように書きことばで意味の類推がきくという点で、日本語と中国語の距離は、たとえば日本語とフランス語の距離よりもずっと近いと言えます。

では、韓流ブームもあって人気の定着した感のある韓国語は、どうでしょうか。

日本語と韓国語は文字こそ違いますが、韓国語の「冷蔵庫」「図書館」といった語の発音は日本語とそっくりです。文を作る単語の順も、驚くほど似ています。たとえば「新しいブランドバッグを買いたいです」を意味する韓国語をカタカナで表記し、日本語を併記してみましょう。

セロウン　ミョンピン　カバン　サゴ　シッポヨ
↑　↑　↑　↑　↑
（新しい）（名品＝ブランド）（カバン）（買い）（たいです）

語順も一部の単語もよく対応しています。

このように、中国や韓国の人たちにとっては、日本語は比較的学びやすいといえそうです。

単語の数が多い――日本語の特徴1

ここまで、「日本語を難しく感じる国の人もいれば、やさしく感じる国の人もいる」ということを述べました。しかし何語であっても、外国語を習得し、上手に用いるというのは、けっこうたいへんなことです。

そこで、何語の話し手かということに関係なく日本語を学ぶ際に難しく感じられる点を、三点あげてみます。

第一に、日本語は**単語の数が多い**という点です。

かなり古い資料ですが、岩淵悦太郎という国語学者は、一九七〇年（昭和四十五年）に、日本語の日常会話を理解するためには二万二千語を覚えなければならない、と発表しました。たとえばフランス語の日常会話の場合、単語を五千語覚えれば、その九六パーセントを理解できるとされていますから、ずいぶん差があります。

外国語としての日本語能力をはかる試験である「日本語能力試験」では、最上級の1級合格のためには一万語の単語を知っていることが必要とされています※。仮に岩淵氏の見解が正しいとすると、せっかく努力してこの試験の1級に合格してもまだ、日常会話で用いられる語の半分程度しかわからないことになります。

実際には、日本語能力試験の1級を取得した外国人たちと話している限り、この説はあてはまらないようです。

とはいうものの、彼ら・彼女たちも、読み書きにおいては、中級レベル以降に膨大な単語を覚えなくてはならない、と異口同音に言います。

つまり、日常会話の話しことばだけでなく書きことばまで視野に入れれば、日本語はかなり多くの単語を使う言語だ、と言えます。

第二に、日本語は、**相手をどう扱うかという仕組みが発達している**ことです。

目の前の相手に対して言語的に対処するための仕組みを「待遇表現」と呼びます。その典型的な例が、いわゆる敬語です。ご存じの通り、日本語は敬語の仕組みが複雑です。

ただしこのことは、日本人が外国人より礼儀正しいとかいうことを意味するわけではありません。どんな国の人でも、必ず他人とのやりとりを行います。その方法は、言語以外にも、顔の表情、しぐさや態度、服装、物理的な距離、贈り物など多様です。日本語は、そのような待遇表現の仕組みが「言語的に複雑である」ということなのです。ですから、時折聞かれる「英語は敬語がないからつきあいもフランクだ」といった意見は、表面的な印象にすぎません。

第三に、日本語は音を字にする仕組み、つまり**表記が非常に複雑だ**という点です。日本語はひらがな・カタカナ・漢字、それにアルファベットなども補助的に用います。複数の表記システムを使い、かつそれを混ぜて書く、世界でただ一つの言語です。

また、漢字の多さは、どんな外国人学習者にとっても悩みの種です。しかも、一つの漢字に対して複数の読み方があります。私たちは右から左へ書くアラビア文字や、ドングリに丸い飾りをつけたようなタイ文字を見ると、ずいぶん難しい文字だな、と感じるものです。しかし、これらの言語では、アラビア語ならアラビア文字など、一種類の文字だけを知っていればまにあいます。読み方も原則として一つです。つまり、漢字よりもはるかに単純なのです。「生」を、**ナマ**卵・**イ**きる・**セイ**命体・**ウ**まれる、など何通りにも読み分けるような複雑さはありません。

（※日本語能力試験は二〇一〇年より、4レベルから5レベルになり、出題基準も変更になるとされています。ただし、新たな基準の公表予定はないので、本書では従来の基準を用いて説明しています）

音の数が少ない――日本語の特徴2

けれども、日本語は難しい点ばかりではありません。どのことばの使い手にとっても学びやすく思われる点もあります。

ここでは、二つの大きな点をあげてみます。

まず一つは、**音の数が少ない**ことです。

「母音」ということばは聞いたことがあると思います。喉から出る声が、口の中で摩擦や刺激を受けないで発音される音です。日本語では「あ・い・う・え・お」の五つです。

英語や中国語のように十数個の母音を持つ言語はいくらでもあります。母音が五つというのは、母音が三つしかないアラビア語に続いて、世界で二番目の少なさです。

母音がたくさんある言語を使う人々にとっては、日本語の「あ・い・う・え・お」は手持ちのどれかを代用すれば、ほぼ近い発音になりますから簡単です。

また、たとえば「か」の音は、kという「子音」と、「あ」という母音の組み合わせから成りますが、この子音の数も、日本語はさほど多くありません。たとえば英語を普通に使う人たちが区別しているLとRの音も、日本語ではラ行の子音でまとめています。

もっとも、音の数が少ないということは、少ない手持ちの音で多くのことばを作らなければならないことを意味します。そのために、日本語は「行為・好意・校医」といった、いわゆる同音異義語が多くなります。

このように、音の種類が少ないことは便利ですが、単語の意味を区別するには難しいこともあります。私たちは私立を「わたくしりつ」、化学を「ばけがく」と読んだりしますが、これはそれぞれ市立・科学と区別するためです。

日本語が学びやすいと考えられているもう一つの点は、**動詞の活用がシンプルであること**です。これは、日本語という言語が、ものごとを言語化するときに、性の区別・数の区別・時の区別にさほど気を払わないためです。

性の区別とは、名詞ごとに、男性扱いの名詞か女性扱いの名詞かという区別があるということです。この名詞には、無生物を表す名詞も含みます。たとえばスペイン語では本(libro)は男性、消しゴム(goma)は女性、といった扱いを受けます。

数の区別とは、その場でいわれている物や人が一つなのか、二つ以上なのかという区別です。日本語でも自分ひとりなら「私」、自分も含む複数なら「私たち」「私ら」と区別する場合もありますが、たとえば本なら何十冊あっても「本」であって「本たち」とも「本ら」とも言いません。「木々」や「神々」などで使う「々」がせいぜいでしょう。

また時の区別とは、ある物事をいつ行ったかということです。実は日本語の動詞には、このようなときの区別には、前のことを示す「過去形」と、そうではない「非過去形」しかありません。

これら性・数・時を細かく区別する言語の場合、動詞の変化が膨大になります。たとえば日本語で過去形の「食べた」にあたることばは、フランス語では「誰が食べたのか」について性と数から区別を行い、六通りの使い分けをしなければなりません。

このような音の少なさ、動詞の活用の簡単さは、特に日本語の会話を学ぶ場合、学習者にとって大きな利点となります。私たちは、外国人が少しなめらかに日本語を話すのを聞いただけで、「何て上手なんだろう」とびっくりしがちですが、「話しことば」の日本語は意外にやさしいものなのです。

母語というものについて考えてみよう

島国である日本の住民の多くは日本人で、どこへ行っても日本語が通じます。そのため私たちはときどき、「一つの国・一つの民族・一つのことば」という前提で、世の中をとらえてしまいがちです。

ところが、世界の百九十三ヵ国・地域のうち、公用語が一つという国は、百十一ヵ国・地域しかありません。つまり、一つのことばだけで用が足りる日本のような国は、六割程度にすぎません。

世界の四割以上の国の人々は、日常的に複数の言語と接しています。たとえばスイスでは、フランス語・ドイツ語・イタリア語・ロマンシュ語と、四つの言語が公用語として定められています。また、公用語を一つと定めている国でも、他の国と陸続きの場合は、他の言語が生活に入り込んできます。たとえばオランダの公用語はオランダ語ですが、英語が通じない場所は、街中ではほとんどありません。

ある学会の用事で、シンガポールへ行ったときのことです。

仕事が終わり、ホテルの部屋で一息ついてテレビをつけると、中国語のカンフー映画をやっていました。しかし、画面の真ん中から下半分は、英語・タミル語・マレー語の字幕で覆《おお》われており、僕は最後まで、ヒーローと悪役の顔が区別できませんでした。

しかし、シンガポールのように複数言語が混在する国では、映画における悪役の判別よりも、複数の言語を用いて複数の民族に配慮することのほうが、はるかに大切です。シンガポールだけでなく、公用語が複数ある国では、地名の表示や役所のお知らせといった公的な表記・文書では、常にそれらの言語をすべて用いなければなりません。

それでは、日本の公用語は、日本語なのでしょうか。

実は**日本には「日本語を公用語とする」と定めた法律はありません**。

裁判所法の第七十四条に「裁判所では、日本語を用いる」という一文がありますが、これは公用語の規定とは違います。なぜそのような法律がないかというと、有史以来、この国では何語を使うべきか、という判断が為政者の頭に上ることがなかったからです。私たちだって普通に生活する限り、最近引っ越してきたお隣さんはどこの国の人だろうか、何語を話すのだろうか、などと心配することは、まずありえません。

私たちは普通、ある国の国民がもっとも自由に使えることばを「母国語」と呼びます。しかし日本と異なり公用語が複数ある国では、「母国語」という表現だと、それを特定しにくい場合があります。

そこで現在、外国語教育では、個人と国、個人と公用語を切りはなし、「その人が最初に学び、もっともよく使えることば」として**「母語」**という語を用います。「母語」はこの本のキーワードの一つなので、ちょっと頭の隅に入れておいてください。

ここまでを、ざっとまとめておきましょう。

日本語は話し手の数でいえば世界第九位の多さを誇りますが、その話し手はもっぱら日本人に限られており、言語的な仲間もいないために、国際的な広がりはまだほとんどありません。そのため、私たちは「日本語は日本で日本人だけが使うもの」と考えがちです。

けれども、日本語を学ぶ外国人も三百万人に近づこうという勢いで増えています。そして、この人たちから見た日本語の難しさやさしさは、私たちネイティブスピーカーが想像しているのとは少し違うようです。

次の章からは、その三百万人の仲間に加わって、さまざまな角度から「日本語という外国語」を見ていきましょう。

第2章　日本語の読み書きは難しい？

留学生からの手紙

左ページの手紙は、東京外国語大学で大正デモクラシーの研究をしたイタリア人留学生A君が、帰国後に送ってくれた近況報告です。帰国した留学生の中には、ときどきこのように、国に戻ってからの様子を知らせてくれる人がいます。

最近では、手書きで縦書きの手紙をやりとりすることが少なくなりました。それもあって、このように手紙をもらうとうれしくなります。また、実に上手だな、と感心します。私たちはよく、外国人が日本語を話すのを聞いて感心しますが、このような手紙を眺めての感心は、また違った種類のものです。「字が上手だな」「よくこんなに難しいことばを知っているものだな」という驚きです。

日本語には、独特な書きことばの仕組みがあります。また、単語の種類にも、昔からの日本のことば、中国から来た漢語、主として欧米から取り入れた外来語などがあり、複雑な成り立ちです。

この章では、その書きことばについて考えてみましょう。外国人の日本語学習者が文字や単語をどうやって学ぶのか、実例を紹介しながら、お話ししていきます。

正書法が「ゆるい」のが悩みの種になる

言語の音を文字で書き表すための方法を「**表記**」と呼びます。

第1章でも述べたように、日本語には、ひらがな・カタカナ・漢字と、主要な表記の仕組みが三つもあります。これは外国人にとってはもちろん、私たち日本人にだって簡単ではありません。また、主要な表記は右の三つですが、実際に文字を書くときは、他にアルファベットやアラビア数字、それに「々」「〃」などの符号も用います。この表記の方法

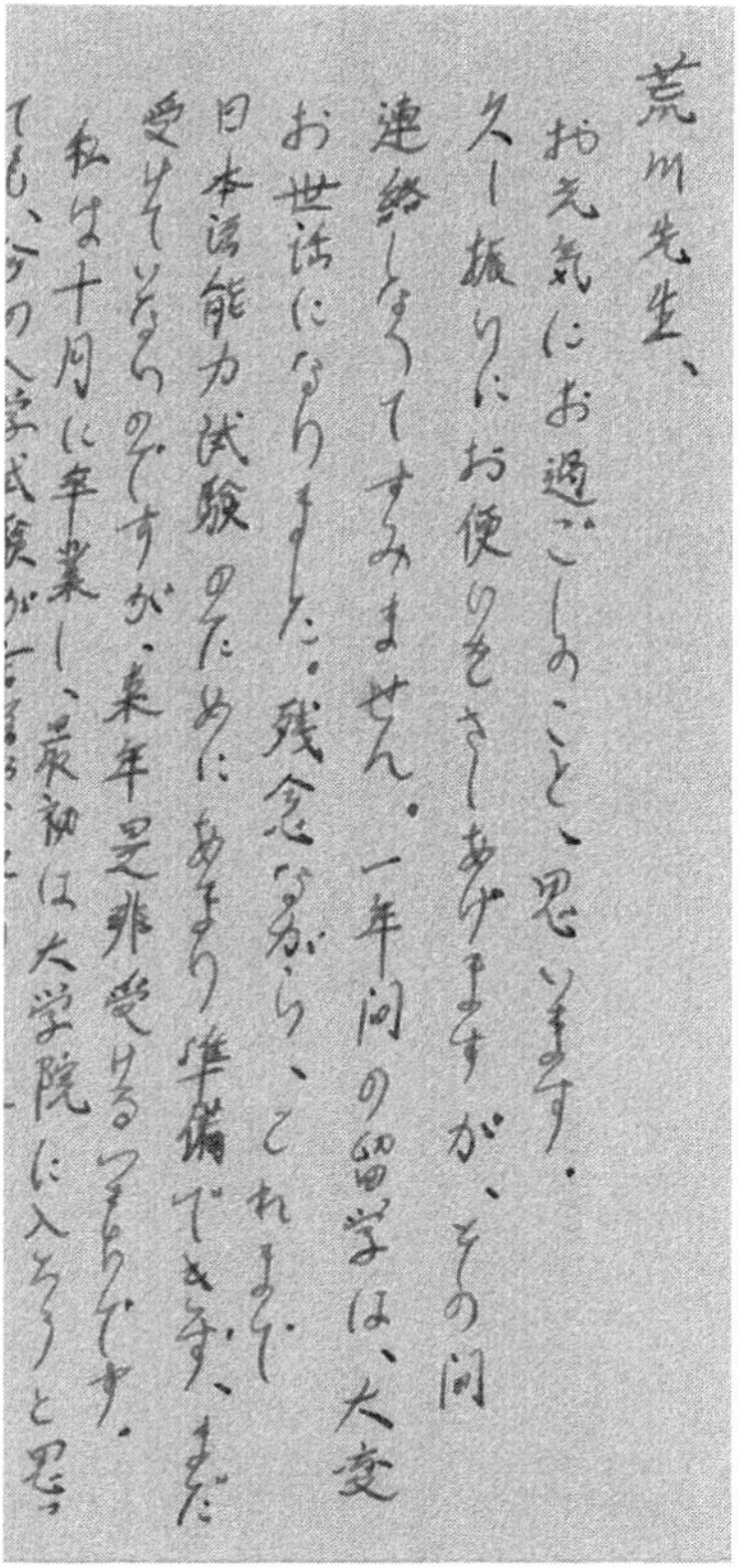
荒川先生、
お元気にお過ごしのことと思います。
久し振りにお便りをさしあげますが、その間
連絡しなくてすみません。一年間の留学は、大変
お世話になりました。残念ながら、これまで
日本語能力試験のためにあまり準備できず、まだ
受けていないのですが、来年是非受けるつもりです。
私は十月に卒業し、最初は大学院に入ろうと思っ
ても、今の入学試験が

イタリア人留学生A君からの手紙

を「漢字かな交《ま》じり」と呼びますが、日本語は三つの表記システムを混ぜて表記を行う、世界でただ一つの言語です。

言語の音をどのように書き表すかというルールを「正書法」と言います。

正書法がしっかりしている言語、たとえば英語について考えてみましょう。初歩の英語教育を受けた人なら誰でも「This is a book.という英語の文を聞けば、同じ形式で文字にできます。形式とはたとえば「文頭は大文字にする、二文字目以降は小文字で書く、単語の間は一字分のスペースを空《あ》ける」といったものです。

一方、**日本語には公に定められた正書法がありません。**

仮に、日本人十人に、

「あとでこどもといっしょにいきます」

という文を聞かせ、それを文字にしてもらったとします。

十人がみな同じ表記になるでしょうか。

「あとで子供といっしょに行きます」

かもしれないし、

「後で子どもと一緒に行きます」

かもしれません。いずれも正しい表記です。

「あとでこどもといっしょにいきます」と、すべてひらがなで書いたとしても、やや不自然な感じはするものの、表記として間違ってはいません。

新聞社や行政機関などでは、表記について一定の基準があるものの、たいていは書き手の規範に任されています。言い換えれば、日本語の正書法は英語などと比べて、ゆるいのです。そして、この明文化されていないゆるさこそ、外国人にとっては悩みの種なのです。

このことは文単位ではなく、単語で考えても同じです。私たちは何となく、一般に大和ことばといわれる和語はひらがなで、漢語は漢字で、外来語はカタカナで書くように思っています。でもこれは日常でそのような書き方を目にすることが多いために、そういうものだ、と考えがちなだけです。

実際は、ある単語をどの文字でどう書くかについて、日本語の許容範囲は広いのです。たとえば「犬」は、漢字で書いても、ひらがなで表記しても、あるいはカタカナで書き表しても、どれも正しいには正しいといえます。

しかし、これは学習者にはたいへんな驚きのようです。

僕はさいたま市に住んでいますが、留学生が住所を聞きに来たとき、「さいたま市」という表記を教えると、信じられない、という顔をされます。特に漢字圏といわれる中国・台湾の留学生たちは、ちゃんと説明してもどこか抵抗があるようで、拙宅に届く彼らからの年賀状は、ほとんどが「埼玉市」という表記になっています。

ひらがな・カタカナのどちらを先に学ぶか？

それでは、外国人学習者はどのように日本語の表記を学ぶのでしょうか？　日本語教育の授業風景をちょっと紹介しましょう。

次ページにあげたのは、代表的な日本語の教科書である『みんなの日本語　初級1』（スリーエーネットワーク編、同社刊）の最初の課です。すでに文が漢字かな交じりで表記されています。外国人学習者がこの課を勉強するためには、ふりがながふってある漢字はさておき、ひらがなとカタカナだけは読めなければなりません。

たいていの日本語の授業では、教科書の第1課に入る前に、ひらがな・カタカナを集中的に学びます。最初に、教師が教科書の文をローマ字書きにしたものを配り、かなの練習と第1課を並行して進める場合もあります。漢字の勉強は、いずれの場合も、ある程度ま

第《だい》 1 課《か》

文《ぶん》 型《けい》

1. わたしは　マイク・ミラーです。
2. サントスさんは　学生《がくせい》じゃ　ありません。
   (では)
3. ミラーさんは　会社員《かいしゃいん》ですか。
4. サントスさんも　会社員《かいしゃいん》です。

例《れい》 文《ぶん》

1. [あなたは]　マイク・ミラーさんですか。
   …はい、[わたしは]　マイク・ミラーです。

2. ミラーさんは　学生《がくせい》ですか。
   …いいえ、[わたしは]　学生《がくせい》じゃ　ありません。
   会社員《かいしゃいん》です。

3. ワンさんは　エンジニアですか。
   …いいえ、ワンさんは　エンジニアじゃ　ありません。
   医者《いしゃ》です。

4. あの　方《かた》は　どなたですか。
   …ワットさんです。　さくら大学《だいがく》の　先生《せんせい》です。

5. テレサちゃんは　何歳《なんさい》ですか。
   …9歳《さい》です。

初級の教科書の最初の課より（『みんなの日本語 初級Ⅰ』）

で課が進んでからになります。

では、ひらがなとカタカナ、どちらを先に学ぶのでしょうか。

定まったルールは別にありませんが、ほとんどの教育現場ではひらがなを先に教えるようです。ひらがなは、「てにをは」などの助詞や動詞の活用部分など、文の機能に関わる部分で用いられますから、その意味ではカタカナより汎用性《はんようせい》があります。

一方、アメリカやオーストラリアなど英語を公用語とする国では、カタカナを先に教える場合があります。カタカナを先に学べば「ジョン」「ニューヨーク」など自分の名前や身近な地名を書けるようになるので、学習の最初から何か達成感を感じることができます。またカタカナでは、ひらがなよりも直線を多く用いるため、初めて日本語を学ぶ学習者にとっては、こちらのほうが書きやすいようです。

かなのワークブックをのぞいてみる

次ページの上にあげたのは、外国人学習者向けの、かなのワークブック（『一人で学べるひらがな かたかな』海外技術者研修協会［AOTS］編、スリーエーネットワーク）です。

書き順を覚えたり、なぞって練習したりするという点では、日本人の小学生がひらがな

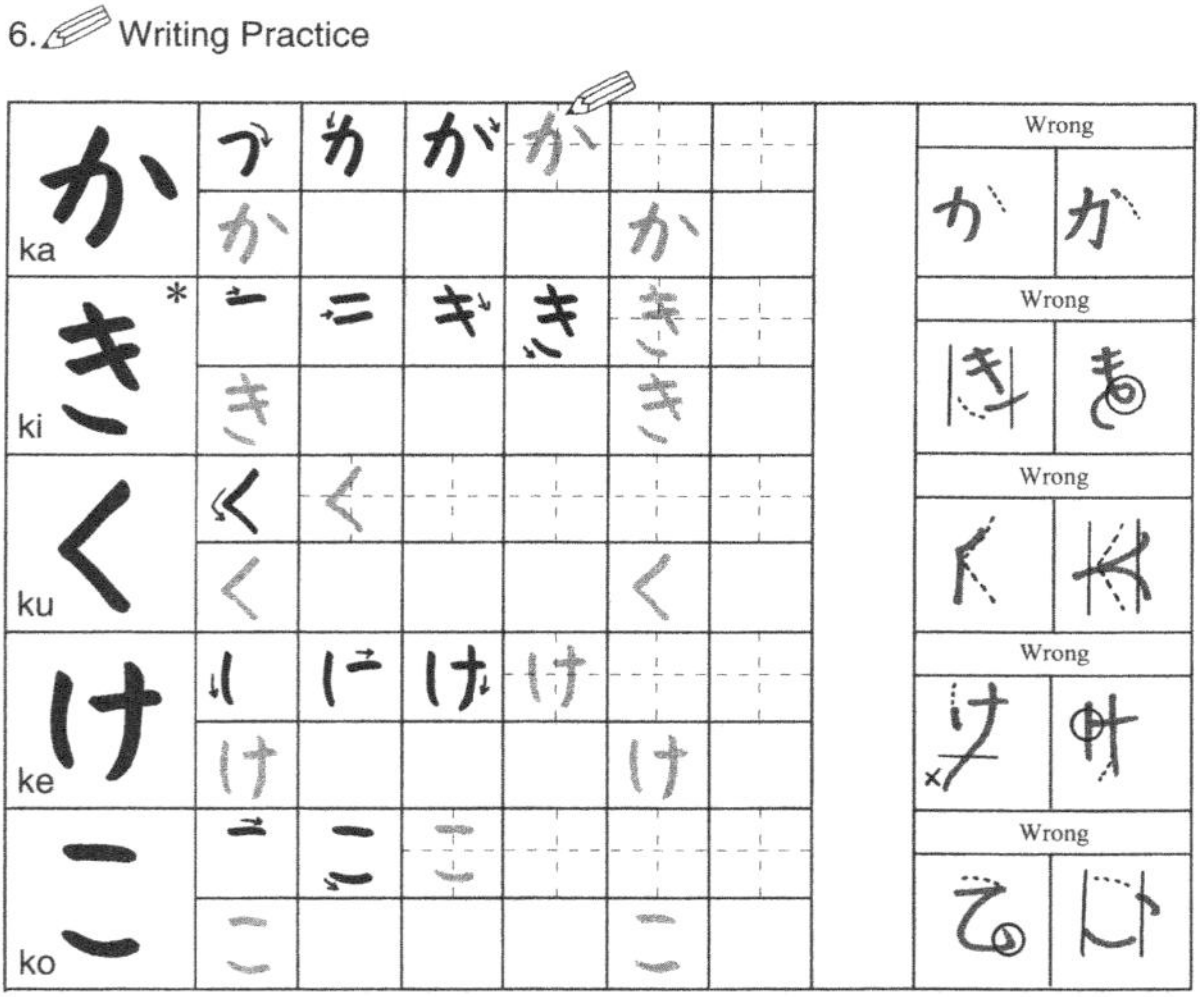

かなのワークブック（『一人で学べるひらがな　かたかな　英語版』）

かなのワークブック（『Kana Can Be Easy——絵で覚える
ひらがな・カタカナ』）

を学ぶ方法とほぼ同じです。右には外国人がひらがなを学ぶ場合、どのような書き間違いをしがちかも載っており、興味深いものです。

文字学習を会話や文法の授業と並行で行う場合、一日に十字ぐらいのかなを覚えるのが、標準的なペースです。私たちがアラビア文字やタイ文字を学習することを想像しても、音と字の形を一致させて覚えられる数は、一日に十字程度が限界ではないでしょうか。

ひらがなは、テンテン（濁点）が付かない清音を示すものだけなら、四十六字です。右の計算でいくと、すぐに完璧とはいえなくても、月曜日から金曜日まで集中してがんばれば、ほぼ五日間で書けるようになります。その後は、濁音や小さい「ゃ・ゅ・ょ・っ」の使い方、助詞としての読み書きの例外（「は」「へ」「を」など）をさらに一週間ぐらい学習して、カタカナに入ります。

一日でひらがなが読めるようになる？

なかには、もっと速成でかなの学習をやってしまう教材もあります。

前ページの下は『Kana Can Be Easy——絵で覚えるひらがな・カタカナ』（Kunihiko Ogawa,

The Japan Times）というタイトルの教材です。

この教材は、英文と絵の連想からひらがなの形と音を一致させるという主旨のものです。教師の使い方次第では、ひらがなを「読む」ことだけは、本当に一日でできるようになります。アメリカやオーストラリアの中学校・高校を中心に広く用いられており、類似のものが他にも数冊あります。

この教材が示すように、かなの学習では、その字形と読みを一致させるのが大切です。この点で日本語は、たとえば英語学習などと比べると、学習者には有利です。

英語の場合、iはアイ、tはティーなどと学んでも、これはアルファベット一文字の読み方にすぎません。ですから、アルファベットの読み方を学んだだけでは、英文は読めません。

たとえば、単語itは「アイティー」ではなく「イット」ですが、一方でitemは「イテム」ではなく「アイテム」になります。つまり、一文字ずつの読み方と、それが単語になったときの読み方が違うわけです。アルファベットを使う言語には、このように音とスペリングが必ずしも一致しない場合がかなり多く、苦労が多いですよね。

一方でそのかわりというわけではありませんが、日本語学習者には、漢字学習が待っています。

外国人の漢字学習とは

第1章でもふれた、外国人のための「日本語能力試験」とは、毎年行われている、日本人にとっての英検のような試験で、級によって学習すべき漢字数が定められています。

たとえば、もっとも下の級である4級（初級前半が終わった程度）では約百、3級（初級を修了した程度）では約三百、2級（中級を修了した程度）では約一千、1級（上級程度）では約二千の漢字を学習したことを前提に、出題がなされています。2級の一千字というのはほぼ小中学校で習う「教育漢字」に、また1級の二千字は、ほぼ「常用漢字」に相当すると考えてよいでしょう。

これだけ勉強しなければ日本語はマスターできないのですから、漢字の勉強は学習者にかなりの手間と時間、そして忍耐を要求します。

具体的に、「頭」という字を例に、考えてみましょう。

「漢字は表意文字」といわれるように、一つの文字が音と意味の両方を示します。

ですから「ず」「とう」（音読み）、「あたま」「かしら」（訓読み）などの読み方に加えて、意味を学ぶのも大切ですし、その漢字がどの意味グループに入るのかを示す、いわゆる部首（この場合は頁［おおがい］）も、外国人の漢字学習では必須です。もちろん、書き順も学びます。その漢字を使った単語、「頭」でいえば「頭脳」「頭部」などの熟語も学習します。

このように幅広い内容を学ぶ準備として、どの日本語教育機関でも、漢字学習の前には、いわば「漢字概論」といった時間を設けています。

この概論では、外国人の学習者に、漢字の成り立ちや概念、また「止め」「はね」といった書き方の注意などを教えます。多くの外国人学習者にとって、彼らの言語では、文字というものはひらがな・カタカナのように音を書き表したものにすぎません。ですから、一つずつの漢字が固有の意味を持っていることに、非常に興味をそそられるようです。

そこで、この興味をできるだけ保ってもらうため、最初に教える漢字としては、「山」「川」などの象形文字が選ばれます。なかには、山や川の絵をクリックすると、それがゆっくりと漢字に変わっていくような学習ソフトもあります。

日本語教師は、学習者の漢字への興味が、実際には九〇パーセント以上を占める形声文字の学習にうまくつながるよう、工夫していきます。

形声文字というのは、事物のカテゴリーを示す部分（意符または部首）と、音を示す部分

（音符）を組み合わせたものです。

たとえば、先の例の「頭」であれば、意符は「あたま」の意味である「頁（おおがい）」、音符は「豆（ず・とう）」になります。

この知識があれば、たとえば「頁」がつく漢字は「額」「頂」など、何か頭に関わる漢字であることが理解できますし、「豆」の読み方を学べば、「頭」だけでなく「逗」も「痘」も、「ず」または「とう」と読む、と予測がつくようになります。これは、漢字の学習を進めるうえで、大きな財産となります。

理論に即した学び方だけではありません。

私たちが英語の勉強で、「dictionary＝ディクショナリー＝字を引く書なり」などと語呂合わせをして覚えたように、外国人学習者も、知恵を絞って独自の漢字の覚え方を編み出すことがあります。

たとえば次ページの上の図の「金」は、上部が山に相当し、下の三本の線は山の層に相当し、矢印の方向に掘っていくと最後にゴールドが見つかった、という覚え方です。

また下の「釣」は、釣竿の多くは金属製なので「かねへん」であり、右の部分は釣り人で、伸びた竿《さお》と水面に沈んだ糸があり、書き順の最後のテンはそれに近づく魚、といった

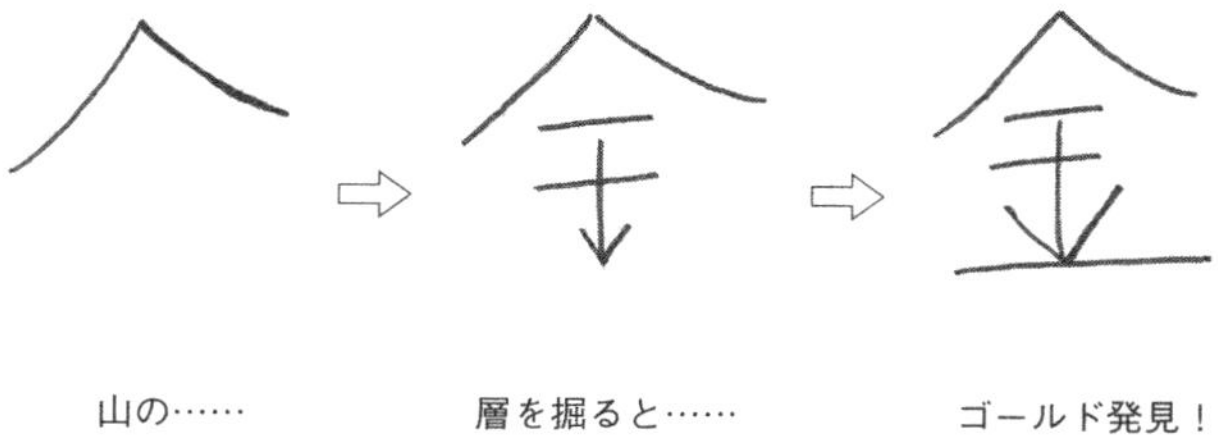

「金」の字の覚え方の例

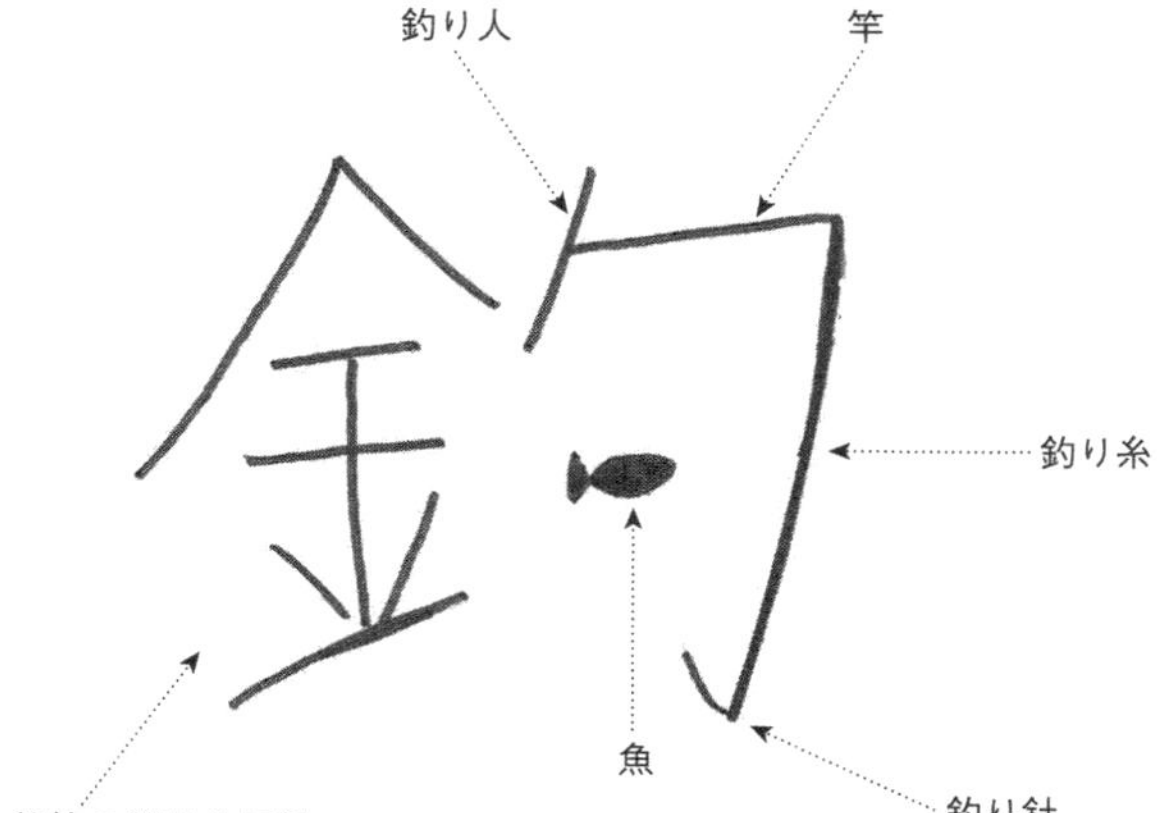
釣竿の柄は金属製
釣り針

「釣」の字の覚え方の例

覚え方です。「串」は、バーベキューの肉と、それを刺すスティックの組み合わせである、と聞いたときには、想像力の豊かさに感心してしまいました。

日本の漢字は実は合理的？

このように、学習者にとって、漢字は興味深いものです。けれども、覚える文字数が多いし、付属して覚えなければいけないことも多いし、形も複雑なので、不満を感じることも少なくないようです。

外国人に漢字を教えていてもっとも頻繁に聞く不満は、一つの漢字に複数の読みがあるのはたいへんだ、覚えられない、ということです。先ほどの「頭」であれば「あたま」「かしら」「とう」「ず」と四つありますし、第1章であげた「生」に至っては、地名まで入れれば十以上の読み方があります。

たしかに、一つの漢字が複数の読みを持つというのは面倒だし、一見すると合理的ではなさそうです。ところが上級になると、欧米語の話者の中には、この面倒さを逆に合理的に思う人も少なくありません。

これは日本人には意外なことなので、ちょっと詳しく解説しましょう。

たとえば cephalalgia という英単語があります。十万語程度を収録する中級の英和辞典にも出ていない語で、英語を母語とする人もあまり知らない、医学の専門用語です。

しかし意味は簡単で、cephalalgia とは「頭痛」のことです。

頭痛を意味する英単語には、もっとよく知られたものがあります。ご存じの通り、headache です。英語を母語とする人なら、日常的に使う単語です。

この headache を、二つの部分に分けてみましょう。

分けた要素はそれぞれ head（あたま）と ache（いたみ）、別の単語になります。head と ache は、いずれも英語にもとからあったことばで、日本語で言えば「はな」「やま」といった、いわゆる和語にあたります。

つまり headache という単語は、英語を母語とする人にとって、ごくやさしい単語です。漢語の「頭痛」という訳語より、「あたまがいたいこと」という訳語のほうが、より原語のニュアンスが伝わります。

一方、cephalalgia を二つの部分に分けると、cephal- と -algia に分解可能です。前半部の cephal- はギリシャ語で「頭部」を意味し、後半部の -algia は同じくギリシャ語で「～痛《つう》」を意味します。英語にとってギリシャ語とは、日本語にとっての古い漢語に相当するともいえる存在ですから、この cephalalgia こそ、「頭痛」という漢語の訳がふさわしいともいえます。

英語には、さまざまな分野で、ギリシャ語やラテン語を語源に持つ専門用語が、山のようにあります。英語を母語とする人が何か専門職をめざすときは、こういった単語を長い時間かけて勉強しなければなりません。

一方、日本人にとっては、このような意味での単語を増やす勉強は不要です。普通に漢字を勉強した人であれば、誰でも headache にあたる「頭が痛いこと」と、医学専門用語の cephalalgia にあたる「頭痛」の両方を、日常の語彙として使います。なぜなら私たちは小学校で「頭」という漢字を学ぶとき、「あたま」「ず」の音訓両方の読みを習うからです。「痛」についても「いた（い）」と「つう」の両方を習います。音読み・訓読み両方の読み方を習うことは、英語圏の人々にとっては head（頭）と cephal-（頭部）、ache（痛いこと）と -algia（～痛）をセットで習うことと同じなのです。

漢字の読み方に音・訓の二つがあり、それを両方習うというのは、一見、不合理で、面倒なことのように思えます。ところが、このように考えると、これは、やさしい語と専門分野の語源をいっぺんに学ぶことができて、逆に合理的だというのです。

英語では、こうはいきません。

なぜなら、右の例でいくと head と cephal- や、痛みを示す ache と -algia の間には、音のうえでもスペリングのうえでも、何ら関連がないからです。

ところが日本語は、「あたま」「ず」という二つの音を「頭」という漢字がつないでいますから、やさしい語（headache に相当する「頭が痛いこと」）も難しい語（cephalalgia に相当する「頭痛」）も、小学校の段階で学べるのです。

このために、専門語の学習経験を持つ、英語が母語の話者の中には、漢字学習が（英語学習における）高度なギリシャ語源やラテン語源の「先どり」にも似た合理的な方法に映り、感心する人も少なくありません。

もちろん、そのような認識に至るまでには、かなり時間がかかります。

しかし、そのレベルまで達しなくても、形声文字の合理性が理解できるようになると、漢字は学習者にとってだんだんと魅力あるものに映ってきます。

以前、アメリカ人のある留学生が、ひらがな、カタカナと進み、漢字もだんだんわかってくると、すべてが謎の記号のように見えた日本の新聞が少しずつわかるようになった、それはまるで暗闇に次々と明かりが灯《とも》るようだった、と話してくれたことがあります。印象的なことばとして、いまも覚えています。

初級では和語中心に

次に、日本語の単語について考えていきましょう。

ある条件をともなった単語の集まりを**「語彙《ごい》」**と言います。たとえば、ホテル経営に関する語彙とか、説話文学で使われる語彙、といった具合です。

では日本人は、平均してどのくらいの語彙を持っているのでしょうか。

ここで気をつけなければならないのは、誰にでも「知っているだけのことば」と「実際に使用することば」があり、この二つは違うということです。

知っているけれども使わない単語の集合を**「理解語彙」**と言い、知っていて実際に使う語の集合は**「使用語彙」**と言います。

実際、各種の調査・統計によれば、日本人の成人の理解語彙は四万から五万、使用語彙は一万から一万数千とされています。また、小学校の国語教科書には、六年間でだいたい九千語から一万語が出てきます。

もちろん、一万程度の使用語彙のなかには、普段さほど使わないことばもあります。しかし一万という語彙数は、他の言語と比べると、かなり多いと思われます。東京のある私大に勤めるフランス人の言語学者によれば、多くのフランス人の使用語彙は話しことばに限れば五千語以下、また十六年間の教育を受けたイギリス人の使用語彙はやはり五千語程度とのことです。

日本語能力試験に話を戻すと、いちばん下の4級合格のためには、だいたい八百語を学ぶ必要があります。この八百語のうち、だいたい四分の三にあたる六百語は、昔から日本にある大和ことば、つまり和語です。入門期で学ぶ単語はだいたいが和語なのです。

また、初級で学ぶ単語の多くは、日常使うものや目にするものです。これは和語以外でも同じで、4級レベルの漢語は「家族」「玄関」など、また外来語も「カメラ」「エレベーター」など、ごくやさしいものです。

どのように教えるのか、実例に即して見ていきましょう。

漢字を教えるとき、「音と意味」が大切であることはすでに述べたとおりですが、単語を教える場合は、

「音とものと意味」

が大切になります。初級の単語の授業では、この三角関係を、学習者の頭の中に作ることがポイントです。

たとえば「いす」を教える場合、教え手は教室にあるいすを指で示し、

「いす。いす、です」

と、外国人の学習者に向かって言います。このときに学習者は、

①「いす」という音（＝音）

②目の前のいす（＝もの）

③頭の中にあるいすのイメージ（＝意味）

の三つを、結びつけます。

これは、単語を理解するうえで、基本的な関係構造になります。

学習者は教え手の指示に従って、「いす」と発音したり、ノートにその表記を書いたりして、この三角関係を覚えようと努めます。このあたりは、私たちの英語学習とほとんど同じです。

学習者が、たとえば「〈いす〉とは、自分の母語で chair に相当するのか」とわかったら、つぎはその単語と他の単語との「関係」を示します。

というのは、「いす」はあくまで一つの単語にすぎませんから、この単語を使ってコミュニケーションするためには、他のどんなことばと一緒によく用いられるか、知っておく必要があるからです。

たとえば、「いす」ともっともよく一緒に使われる動詞は「座る」ですね。さらに「いす」「すわる」をつなぐ助詞、つまり「に」も一緒に教えることが望ましいでしょう。

このように、ある単語が実際に人々によって話されるとき、他のどの単語とともに使われるかを**「コロケーション」**と言います。

また、コロケーションとは違いますが、「いす」から連想される「机」「テーブル」といったことばを一緒に教えたり、復習したりするのも、記憶の定着には役立ちます。

一方、いすの種類である「ソファ」や「スツール」、逆にいすや机の上位の類《るい》（カテゴリー）である「家具」などは、少なくとも初級段階では教えられません。

基本レベルカテゴリー

51ページの表を見てください。私たちは身のまわりの事物を認識するとき、経験的に、さまざまなものをグループ化しています。そのグループのラベルづけとして安定しているものが、表の中段にあげたような単語群です。これらの単語は一般に音が短く、母語を覚える子供が早く習得するもので、**「基本レベルカテゴリー」**と呼ばれています。

基本レベルカテゴリーに属する単語は、初級レベルの外国語教育では必須です。

表にあげた「いす」も「犬」も、基本レベルカテゴリーの単語です。これらのことばからは、もっとも一般的ないすの形や、もっともありふれた犬の外見を想像することができます。

一方で、それより上のカテゴリーである「家具」「動物」では意味するものの範囲が広すぎて、「もっとも一般的な家具の形」や「いちばんありふれた動物の形」を想像することはできません。

下のカテゴリーはというと、逆に具体的すぎるので、汎用性に欠けます。

たとえば、次ページの写真を見たときの反応として、「あ、犬だ」は普通です。けれども、「あっ、秋田犬だ」とは、犬好きな人しか言わないでしょう。「あ、動物だ」も、相当に不自然です。

初級の語彙は日常で使うものがほとんどです。日常での頻度を考えると、基本レベルカテゴリーに絞って入門期では教えるのが普通です。

家具	動物	食べ物
いす	犬	パン
スツール	秋田犬	フランスパン

基本レベルカテゴリー（中段のグレーで示した部分）

秋田犬

さらに、基本レベルカテゴリーのことばを用いた複合語やことわざも多いので、学習者には使いでがあります。

たとえば、「いす」なら複合語として「座いす」「いす取りゲーム」といった語が作れます。また「犬」であれば「犬かき」「犬ぞり」、慣用句として「犬も歩けば棒に当たる」「犬も食わない」などがあります。上下のカテゴリーの「動物」「秋田犬」では、これらは作りにくいですよね。

中級では漢字文化圏の学習者が有利

さて、初級段階の学習を終え、中級レベルに入ると、学習者は、大量の漢語を覚えなければなりません。

漢語の学習は、もちろん漢字の学習と並行して行われます。先ほど、日本語能力試験4級の合格にはだいたい八百語が必要になると述べましたが、3級ではこれが千五百語とほぼ倍増します。中級修了程度の2級では六千語と、一気に四倍になります。この増加分のほとんどを、漢語が占めています。

外国語として日本語を学ぶ場合、中級以降では中国・台湾など漢字文化圏の学習者が強い、といわれますが、それは漢語の多さによるものです。何しろ漢字文化圏ではない出身の学習者が苦労して覚える数千語が、「漢字圏」の学習者には、ほとんどすでに知っている語です。

もちろん、日本で長く使われてきた漢語には、中国や台湾の漢語と意味が異なるものがあります。よく知られているものとしては、日本語の「大丈夫」が中国語では「健康な男の人」、また日本語で家を空けることを意味する「留守」が、中国語では「そこに留まって守ること」になるなどの例です。

しかし、このような例外をのぞけば大半はそのまま使えるのですから、やはり、**漢字圏の学習者は有利**です。

外来語はややこしい

中級では、漢語と並んで、外来語も数多く学ぶようになります。

2級の試験で要求される外来語は、三百語程度です。しかし漢語の学習とは異なり、欧米語を母語とする学習者が有利かというと、そうでもありません。

というのは、漢語は日本語に入ってきてからも、もともとの字形や意味がわりあい安定して保たれてきていますが、外来語の場合は、音声・単語の形・意味のいずれか、ときにはすべてが変わってしまっていることが多く、もとの語を母語とする学習者には判別しにくいからです。

例をいくつかあげましょう。

たとえば英語のenergyは「エネルギー」と表記されますが、実際は「エナジー」に近い発音です。meterも「メーター」より「ミータ」と聞こえます。

形が変わった例では「ビル」「スーパー」などがあります。それぞれ、building, supermarketの後半を取り去っています。

意味が変わったものとしては英語で「取っ手」を意味するhandleが、自動車の「ハンドル」(英語ではsteering wheelという)に転じたものなどがあります。

「ジェット機」「ローマ字」のように他の語と組み合わせた、いわゆる混種語や、「マイカー」「ベースアップ」など日本生まれの外来語もあります。

さらに日本で生活しようとすれば、日本語能力試験の範囲に入っていない「アクセスする」「バーチャル」といった新たな外来語も知っておく必要があります。**外来語の急増は、日本人のみならず、日本語を勉強する外国人にとっても、やっかいな問題**なのです。

オノマトペが敬遠されるわけ

中級以降の学習者が一様に興味を持つのは、「ワンワン」などの擬音語、「きらきら」「せかせか」などの擬態語、別名オノマトペです。

日本語能力試験の語彙範囲では、オノマトペは「ふらふらする」のように、「する」をつけて動詞になるものが少し入っているだけです。しかし、オノマトペは話しことばでよく用いられます。漫画にもよく出てきますから、目にする頻度が高い重要語彙です。

先に、「日本語の表記は正書法があいまいだから難しい」と述べました。

オノマトペの難しさは、この正書法の難しさと似ています。

つまり、あるオノマトペをどのような物や状態に使うのか、典型的な例をあげることはできますが、それをどこまで使うことができるかの境界線は、かなりあいまいなのです。

たとえば前述の「ふらふらする」は、「頭がふらふらする」「ふらふら歩く」のように、疲れているときの体調や、不安定に歩いている様子に用いることが可能です。しかし、「頭をふらふら振る」とは言いません。これは「ゆらゆら」でしょう。

また擬音語の場合、「太鼓をとんとん叩く」→「太鼓をどんどん叩く」のように、清音

（濁らない音）が濁音（゛を付けてあらわす濁る音）になると、より強く、大きな音を示すという傾向があります。その傾向も、擬態語では、どうでしょうか。「荷物をどんどん運ぶ」ときに、作業のペースが落ちたからといって「荷物をとんとん運ぶ」とは言えません。

このような難しさがあるために、日本語能力試験の1級に合格するような上級者でも、オノマトペは聞いて理解するものだとして積極的に使わない人が多いようです。

言い換えれば、オノマトペがどの程度うまく使えるかは、学習者の日本語レベルを測定する目安の一つにもなります。

上級では再び和語が重要課題

上級の日本語能力とは、日本語能力試験1級の合格レベルに相当します。これは「社会生活をするうえで必要な、総合的な日本語能力」とされており、一万語以上の語彙と二千字の漢字を知っているという、非常に高いレベルです。

上級では、中級と同様に多くの漢語や外来語を学びますが、和語も再び、大切で難しい課題になってきます。

その理由は、おもに、以下の三つの点から説明できます（次ページ上の表参照）。

大切で難しい点	例
動詞の組み合わせ	食べ ＋ 始める、手伝って ＋ あげる
多義語	酒、（これは）こと（だ）
コノテーション	手早い ↔ せかせか

上級での和語の学習

第一に、上級では、新しい動詞を学ぶだけでなく、それまでに習った動詞を組み合わせて使えなければなりません。名詞の単語の複合は、「本棚＝本＋棚」のように初級レベルから登場します。けれども動詞を組み合わせたものを自在に使いこなせるということは、上級のレベルに属することです。

動詞の組み合わせには、さまざまなものがあります。たとえば「食べ始める」は「食べる＋始める」の複合です。このように、ある動作がその全体の中の始まりや終わりを示すものや、「持ち上げる」「飛び出す」のように方向を示すものがあります。また「書き損じる」のように、後ろの動詞（この場合は「損じる」）は単独ではほとんど用いられないというものもあります。

私たちは意識しないだけで、日常、たいへん多くの動詞を組み合わせて使っています。中でも、前の動詞を「〜て」の形にして、後に「あげる」「くれる」など授受を表す動詞を付けた語や、「いく」「くる」を組み合わせたものは、頻繁に使われます。たとえば、相手を手伝うときの「手伝ってあげる」などがそうです。特にこの例は、話しことばでは「手伝ったげる」のように聞こえますから、なおさらやっかいです。

「本を持ってくる」「コートを着ていく」「ちょっと見てくる」などが示すように、複合する前の個々の動詞はやさしいものですが、これらを組み合わせて使うことは、学習者にはかなり難しいことなのです。

これは、英語でたとえれば、私たちにとって get, take, put などのやさしい動詞と with, in, off などのやさしい前置詞の組み合わせを使いこなすのが難しいことに似ています。実際、かなり日本語が上手な外国人の話を聞いていても、動詞の組み合わせを使いこなしている人は、ほとんどいません。

日本語学習歴が二十年になるアメリカ人のビジネスマンを知っていますが、彼でさえ、「日本語はほぼマスターしたつもりだけど、いまでも『せっかくなんで、もらってやってくれない?』とかいわれると、ちょっと考え込んじゃうね」と言っています。「考え＋こむ」が使えるのですから、彼の実力は相当なものですが、動詞の組み合わせを使いこなすことの難しさが「見てとれる」でしょう。

日本酒は「酒」、ビールもワインも「酒」

第二に、上級になると、基本的な語の**二つ目、三つ目の意味**を理解しなければなりません。たとえば、やさしい動詞「見る」も、上級レベルでは、

「やっと話がみえた（＝理解した）」

「大人の足で十五分はみないと（予測しないと）」

など、本来の意味から転じたものが使えたり、聞いてわかったりすることが要求されます。

このように、一つの語なのに複数の意味を持つ語を「**多義語**」といいます。

和語の中には、本来の意味よりも広い領域に拡大したり、逆に縮小したりする場合があります。たとえば「酒《さけ》」とは、もともとは日本酒の意味ですが、今ではビール、ワインといった外来語の単語もその意味に含み、アルコール一般を示すようになっています。同様に「ごはん」も、炊いた米の意味から、「朝ごはん」のように、食事一般へと意味が拡大しています。

一方、「花見」ということばを考えてみましょう。これは桜を見ることです。本来は梅

もバラもひまわりもその種に含む「花」ですが、ここでは桜だけに意味を縮小していま す。57ページの表に示した「これはことだ」という場合の「こと」も、「問題になること」ですから、意味が縮小した例です。

第三に、単語の中には特定の価値付けを持ったものがあるという点です。

これは、本来の意味に加え、その語感に新旧、好悪、善悪といった特定の価値付けや傾向が含まれる場合があるということです。このような、単なる意味とは違う、**単語の「意味合い」**、**あるいは「含意」のことを「コノテーション」**といいます。

ここで少しだけ、コノテーションを見分ける練習をしてみましょう。

以下の語を「肯定的な意味合いがあるもの」と「否定的な意味合いがあるもの」に分けてください。

きびきび　せっかち　手早い　せかせか　機敏な　てきぱき　気ぜわしい

これらは、いずれも英語であればquickつまり動きの速さに関わる語です。しかし、その速さをどのように評価するか、というコノテーションには差があります。「手早い」「機敏な」などは速さをポジティブに評価する場合、逆に「せかせか」「気ぜわしい」などは、速さを評価しない（ネガティブな評価の）場合です。同様に、遅さに関わる語でも「遅い」は中立的ですが、「のろい」だと否定的な評価につながります。

日本語を日常的に用いている私たちにとって、それぞれの語のコノテーションは明らかです。しかし日本語を外国語として学ぶ人たちには、それがわかりにくい場合がありま す。その結果、たとえば相手の機敏さをほめるつもりで「山田さんはいつもせっかちですね」などと口にしてしまい、コミュニケーション上、問題になることがあります。

またコノテーションには、特定の文脈の中でだけ顔を出すものもあります。たとえば「相次ぐ」は大辞典でも「大きなことが続けて起きる」としか記述がありませんが、実際はよくないことの連続に用いる場合がほとんどです。特に「相次いで〜する」という形の場合、この傾向は顕著です。

このように見てくると、外国語学習でよく言われる「やさしい単語ほど実は難しい」ということが、日本語という外国語にもあてはまることがよくわかります。日本語学習者にとって、和語をはじめとするやさしい語を使いこなすことは、実はかなり上級に属することなのです。

たとえば、ダイエット中の中国の学習者が、自分のことを述べるとき、次のように言ったりします。

この少量の食品では私の健康が持続しません。

これだと、意味は通じるものの日本語らしさには欠けますから、漢語よりも和語中心にして、自然な日本語に直す必要があります。たとえば次のように。

こんな少しの食べ物では、体がもちません。

このような訂正は、単なる間違いを訂正する以上に、日本語教師にとって大切な仕事です。

この章では、表記と語彙に関して、それを外国語として学ぶ人たちの視点から考えてきました。

表記の源になっているのは、もちろん話しことば、つまり言語の「音」です。表記や語彙は目に見えるものですが、目には見えない音声にも、日本語のおもしろさがたっぷり詰まっています。

次章では、日本語の音について、考えていきましょう。

第3章　日本語の音はこう聞こえる

ハクションは日本語

外国人にとって、日本語とはどのように聞こえる言語なのでしょうか。

この章では、日本語の「音のまとまり」、そしてそのまとまりの上に施された「音の工夫」を考えながら、音からみた日本語の特徴を探っていきます。

さて、読者の皆さんが電車に乗っていて、同じ車両の誰かがくしゃみをしたとします。

ハクション！

その「ハクション」。

人間がくしゃみをするときの音は、世界中でほぼ同じです。ところが、それを「ハクション」という音で表すのは、日本語だけです。

日本語だけ?

そうです。その証拠に、日本語がわからない外国人の前に行き、抑揚をつけずに、「ハクション」

と言ってみましょう。アメリカ人やオーストラリア人なら、

“Action ?”

と聞き返すかもしれませんが、誰一人、それがくしゃみの音を日本語の音で表したものだとは思わないでしょう。

逆に、この「ハ・ク・ショ・ン」という音の組み合わせであれば、それが近所の幼稚園児が元気に言った場合でも、ニュースキャスターが口にした場合でも、日本語を母語とする人なら誰でも、それはくしゃみの音のことだな、とわかります。なぜなら、日本語を母語としていれば、いろいろな言語の音のうち、ある特定のいくつかを「これは日本語の音だ」と聞き取ることができる仕組みが、私たちの頭の中にあるからです。

日本語の音を聞き取る頭の中の仕組み「音韻」

この仕組み、つまりある言語音の中から、意味のあるものとして何かを選び出せる能力のことを、「音韻」と言います。言い換えれば、音韻は現実の音ではなく「頭の中で音声を聞き取る仕組み」のことです。

日本人として日本語を普通に用いている人は、誰でも日本語の音韻を持っています。日

本語の音韻が頭に入っているからこそ、私たちは北海道から沖縄までどこでも、日本語で話が通じます。

しかし、日本語の音韻しか持っていないために、私たちが他の外国語を上手に聞き分けることができないのも、事実です。たとえば、私たち日本人にとっては、英語のLとRの音を聞き分けることは、難しく感じられます。これは日本語がL・R・Dの三つを足したような「ラ行」の音しか持っていないからです。

母語の音韻は、自分の最初の言葉が身につくとともに、自然にできあがります。言い換えれば、努力をして身につけるようなものではありません。ですから、自分と同じ音韻を持たない人のことはなかなか想像しにくいのです。

私たちは、日本語を使ってコミュニケーションをとろうとする外国人に対して「がんばっているな、手伝ってあげたいな」と思っていても、相手がちょっとした音の区別ができない場合、意外と冷淡になってしまったりします。

けれどもこれは、私たちがLとRをうまく発音できない、うまく聞き取れないのと同じことです。イタリア人は日本語のハ行にあたる発音がうまくできませんし、タイの人はサ行とタ行の音の区別が難しいときがあります。そのようなケースに出くわしたら、辛抱強く助けてあげてください。

「ピーナッツせんべい」クイズ

いま、もしあなたが声を出してもかまわない場所にいるなら、自分の好きな食べ物の名前をいくつか、声に出してゆっくり言ってみてください。そして言いながら、自分の声に耳をすませて、注意深く聞いてください。

ピーナッツせんべい？
カツサンド？
胡麻《ごま》入りお稲荷《いなり》さん？
（ここでは僕の好物をあげてみました……）

日本語の音声の特徴は、母音で終わるといった音そのものにもありますが、「リズム」にもあります。

そのリズムの特徴とはどんなものでしょうか？

右に筆者が揚げた、いや挙げた「ピーナッツせんべい」をサンプルにして、好物ならぬ鉱物をてのひらに載せて眺めるように、じっくり観察してみましょう。

ピーナッツせんべい

ここで質問です。

「ピーナッツせんべい」という単語は、いくつの音の単位からできているでしょうか？

実際に発音して、考えてみてください。

たいていの方は、指を折って数え、「九」という答えを出すと思います。

「九」はもちろん、正しい答えです。

ところが、もう一つ答えがあります。「五」です。

どうして二つも、それもずいぶん差のある答えが出るのでしょうか。

それは、日本語で一つの**「音のまとまり」**をどのように設定するかについて、二つの方法があるからです。

殻付きのピーナッツの「一つ」は、殻を手にとって、一つ、二つと数えてもいいし、殻を割って、中の豆を一つずつ数えてもいいですよね。

音を数える場合も、そのまとまりをどのようにとらえるか、という設定にはいろいろなものがあり、どれも間違いというわけではないです。

答え1「ピーナッツせんべいは九拍である」

まず、「九」という答えから考えてみましょう。

これは、たとえばピーナッツの「ピ」一文字をひとつの音とする考え方です。ひらがなやカタカナの一文字が一つの音に相当する、と考えれば、字数が音の数と一致します。

たとえば「ア行」の「あ・い・う・え・お」を、頭の中でゆっくり発音してみましょう。これは五つの音と考えられます。

このように、ある母語の話し手が、同じ長さで発音される、と考えている音のまとまりのことを**「拍」**と呼んでいます。俳句や川柳の「五七五」とは、「五拍・七拍・五拍」を意味しています。

では、ピーナッツの「ピ」を一つの音とみなしたら、それ以上は細かくならないのでしょうか。

いえ、まだ細かくなります。

殻から出したピーナッツは、ちょっと力を加えると左右に割れますが、「ピ」も同様に、分けられます。ワープロのローマ字入力では「ピ」を打つとき、PのキーとIのキーを打ちますが、「ピ」はこの二つのキーに表示された要素から成る、と考えられます。このPやIが示す音は、音声上のもっとも小さい単位で、**「単音」**と呼ばれています。

日本語の単音は、次の三つに分類されます。

まず「あ・い・う・え・お」の五つです。第1章で述べた通り、これらは**「母音」**と呼ばれます。母音とは、声帯を震わせて作り出した音が、喉や口の中で邪魔されずに出てきた音です。

次に、喉や口の中のどこかを狭めたり、摩擦したりして作り出した単音のことを**「子音」**といいます。日本語は、子音だけでは、一拍になりません。

日本語の音のまとまりは、原則として次の二通りになります。

①「あ」のように母音だけ

②「ぴ」のように子音（P）と母音（I）の組み合わせ

ということは、一つの音と意識されるものが、ひらがなやカタカナの一文字で示されることになりますから、日本語はこの点、なかなか整合性があります。

母音でも子音でもない第三の音

ただし、この原則にあてはまらないパターンがあり、それが、三つ目の単音です。ひらがな・カタカナの中で、小さく書かれるものがありますね。たとえば「ゃ・ゅ・ょ」です。これは常に「きょ」のように他の文字の後に付いて音になります。

それでは、「きょ」は一拍でしょうか、二拍でしょうか。

これは一拍です。

ローマ字入力ではこの音はYのキーを使いますが、このYの音に母音をつけた「や・ゆ・よ」を発音してみましょう。これらの音は「が」や「ぱ」など、他の「母音＋子音」の音のように、音が喉や口のどこかで阻害された、という感じがあまりありませんね。実際、五十音のヤ行「や・い・ゆ・え・よ」でも、「い・え」は母音であるア行と同じ発音ですから、これはかなり母音寄りの音と言えます。

とはいうものの、母音とは異なります。

たとえば、これらは「あー」のように長くその音を続けることができません。仮に「やー」や「ゆー」などを伸ばして発音しても、Yの音は瞬時に終わってしまい、すぐに「あ」や「う」に戻ってしまいます。

この現象は「かー」や「くー」など、他の子音を長く発音しようとしたときと同じですから、やはりYの音は子音の扱いです。ただし、母音に似た響きを持っているので、これらは**「半母音」**と呼ばれます。「わ」におけるWの音もまた、半母音です。

例にあげた「きょ」は「き」の前半部である単音のKに半母音を足し、最後に母音を付けたもので、K（子音）+Y（半母音）+O（母音）の組み合わせです※。これを入れると、日本語の「一つの音」の構成は、原則として以下の三種類ということになります。

①母音　（例）あ（A）
②子音（または半母音）+母音　（例）ぴ（P+I）や（Y+A）
③子音+半母音+母音　（例）きょ（K+Y+O）

（※「き」をK+Iで発音して「よ」を付けた「きよ」なら二拍になります）

「ー」「ん」「っ」はどんな音？

それでは「ピーナッツせんべい」に戻り、もう一度音の数を数えてみましょう。

「ピ」で一つ。次は、あれ？

次の「ー」と、音を伸ばす印で書かれたこの音、いわゆる長音は、ひとつの拍なのでしょうか。それとも「ピ」と一緒にしてしまってよいのでしょうか。

これもまた、一拍です。「ー」という長音符号で書かれるこの音は、**「特殊拍」**と呼ばれる、例外的な存在です。

日本語はある音を長く伸ばすと、それは短い音とは区別されます。これは先ほどの三つの組み合わせには入りませんが、一拍と扱います。

言い換えれば、日本語はある音を伸ばして発音すると、「どき（土器）」「どうき（銅器）」のように、組み合わせによっては別の単語になりうるわけです。

これは、どの言語でも同じというわけではありません。

一九五三年のアメリカ映画「シェーン」では、悪を倒して去り行く主人公、シェーンの後姿に向かって幼い少年ジョーイが、

"Shane!"

と、名前を呼び、シェーンに戻ってくれるように請《こ》うシーンがあります。

あの場面でジョーイが、

「シェーーーーン！」

と、いくら長く伸ばしたところで、シェーンはシェーンで変わりはありません。ところが日本語では「初期・正気」「叔父・王子」「地図・チーズ」など、違う語になってしまう例がいくらでもあります。

このような「特殊拍」は、伸ばす音の他に、あと二つあります。

一つは「っ」で表記される音、もう一つは「ん」で表記される音で、それぞれ一拍と数えられます。

たとえば「あっち」を発音すればわかるように、「っ」は、音にならず、声を詰まらせていますが、それでも一拍の扱いです。同じように小さいかなで書かれる「ゃ・ゅ・ょ」のYの音が一拍にはならないのに対し、「っ」は一拍を形成します（促音といいます）。

また、「ん」の音は子音でありながら、一拍として扱われます（撥音《はつおん》といいます）。

たとえば「さき（先）」は二拍で「さっき」は三拍、また「あき（秋）」は二拍で「あんき（暗記）」は三拍ですね。

特殊拍は、「特殊」とはいうものの、日本語の単語の半数以上に入っている、という調査結果もあります。外国人によっては、日本語を聞き取る際、かなり難しく感じられるも

・「ー」で表記される「伸ばす音」（長音）
・「っ」で表記される「詰まる音」（促音）
・「ん」で表記される「撥ねる音」（撥音）

現代日本語の特殊拍

のです。

特殊拍まで勉強すれば、日本語で「一つ」と考えられる拍の種類は、すべてみたことになります。では「ピーナッツせんべい」は何拍になるか、指を折ってもう一度、数えてみましょう。

ピ　ー　ナ　ッ　ツ　せ　ん　べ　い
①　②　③　④　⑤　⑥　⑦　⑧　⑨

で、九拍となります。②の伸ばす音、④の詰まる音、⑦の撥《は》ねる音「ん」は、それぞれ特殊拍です。けれども、日本語を母語としている人であれば、特殊拍も一つの音のまとまりとして感じられるでしょう。ぴ、い、な、っ、つ、と声に出しながら手を叩いてみると、一拍ずつであることがもっとよくわかると思います。

答え２「ピーナッツせんべいは五拍である」

さて、今度はもう一つの答えである「ピーナッツせんべいは五拍説」

を考えてみます。

日本語が日本語らしく聞こえる秘密は、実はここにあります。

まずは、身近な人の声を三人分、思い浮かべてください。家族や友人でも、あるいは有名人の声でも構いません。そして、その声の持ち主が普通に「せんべい」と発音したところを想像してください。

その人たちは「せ・ん・べ・い」と四拍に区切って発音するでしょうか。

おそらく、そういう発音は実際にはしないことでしょう。

せん・べい

むしろこのように、二つのまとまりに分けられる発音ではないかと思います。

ドラえもんが「のび太くん、せんべいだよ」と言うときや、サザエさんが、「カツオ、あんた、せんべい取った?」と詰問するときの声で考えても、やはり「せん+べい」ですね。「せ・ん・べ・い」と抑揚なく発音したら、まるでロボットです(あ、ドラえもんはもともとロボットか)。

拍というのは、時間的に同じ長さで発音されるとみなされる単位です。たとえば運動会の応援で使う「三三七拍子」では「拍」ということばを使います。

♪タンタンタン　タンタンタン　タンタンタンタンタンタンタン！

これは確かに拍ですが、日本語の話しことばが実際にそのように発音され、そのように聞こえるわけではありません。サザエさんだって、もし三三七拍子で

♪カ・ツ・オ　あ・ん・た　せ・ん・べ・い・と・っ・た？

などと発音していたら、言い終わる前にカツオは公園へ逃げてしまいます。

日本語らしい聞こえ方の秘密

つまり、日本語らしい音ということを考えると、拍という理屈のまとまりとは違う、実際に聞いたときのまとまりを考える必要があります。これは、拍よりもひとつ上の概念

で、**「音節」**と言います。

音節は**「短音節」**と**「長音節」**に分けられます。

日本語では、短音節、いわば一拍と感じられる音に、「ー」「っ」「ん」の特殊拍、または一部の母音が付くと、そのまとまりは長音節とみなされます。たとえば、「さ」は短音節ですが、「さー」「さっ」「さん」「さい」などは、いずれも長音節です。ですからさきほどの「せんべい」は四拍ですが、二つの長音節（「せん・べい」）からできている、とも考えられます。

日本語を発音するときに、短音節だけでことばが構成されている場合は、短音節を二つずつまとめて言うのが普通です。もちろん、句の切れ目では止まることもあります。たとえば「眠くて眠くて」と文句を言う場合には、次のように短音節のまとまり四つから構成されているように聞こえますね。

ねむ　くて　ねむ　くて

①　②　③　④

これだと「ね・む・く・て」と拍で区切るよりも、実際の聞こえ方に近いことがわかるでしょう。

ところが前に述べたとおり、特殊拍は日本語の単語の半分以上に入っています。ですから日本語を話す場合、そこにはごく普通に、長音節が入り込んできます。そして長音節が入ると「短音節二つ」で仲よくまとまっていた部分よりも、その部分がまとまりとして優先され、やや強く発音されるのが普通です。「眠くてたまんない」と言うときは、

①ねむ　②くて　③たま　④んな　⑤い

ではなく、

①ねむ　②くて　③た　④まん　⑤ない

の感じ、つまり「ま」と後の特殊拍「ん」の組み合わせ、「な」と後の母音「い」の組み合わせが長音節になり、「たま」の組み合わせよりも、優先されることになります。

「音節」という語そのものにしたって、初めの「おん」は長音節ですから、全体には、おんせつ→タン・タタ、というふうに聞こえますね。同様にさきほどの「せんべい」なら、せんべい→タン・タン、という感じでしょう。

このような音のまとまりが、いかにも日本語らしいと感じられる、独特の響きを生み出します。

別の例をあげます。

日本人であれば一度は聞いたことがある、NTTの「おかけになった」のメッセージ、あれを音節で分析してみましょう。傍線で示したのが長音節です。

おか　けに　なっ　た　でん　わ　ばん　ごう　は
①　②　③　④　⑤　⑥　⑦　⑧　⑨

前半は、四つの長音節を含みます。実際に声に出せば、長音節の優勢が再確認できます。

そして後半は、次のように三つの長音節を含みます。

げん　ざい　つか　われ　て　おり　ま　せん
①　②　③　④　⑤　⑥　⑦　⑧

「番号をお確かめになって」以降は、自分で長音節を取り出してみてください。

さきほどのサザエさんの追及も、

カ　ツオ、あん　た、せん　べい　とっ　た？
①　②　③　④　⑤　⑥　⑦　⑧

と、音節に基づいた読みをすれば、いきいきした話しことばの感じが伝わってきます。

音節の知識があれば、六拍の語である「新幹線」が「しん・かん・せん」と三つのまとまりとして聞こえる理由もわかります。

最後にもう一度「ピーナッツせんべい」に戻りましょう。

①ピー ②ナッ ③ツ ④せん ⑤べい

このように、長音節が四つ、短音節が一つの組み合わせで「五つのまとまり」と感じられることになります。長音節が強くなるということは、話しことばでは、この語がしばしば「ピーナッせんべい」のように、長音節四つだけの構成に聞こえることからも理解できますね。

日本語は高低アクセント、英語は強弱アクセント

学習者が日本語の音節を理解し、その感覚を身につけると、日本語としてかなり自然に響くようになります。

しかし、できるだけ自然な日本語らしく話すには、ほかにも身につけなければいけないものがあります。

というのは、私たちはことばを発するとき、音のまとまりを作るだけでなく、さらに「音の工夫」を施して、意味の違いを示すからです。

その工夫が、**アクセント**や**イントネーション**です。

この二つは、混同しやすい概念です。

アクセントというのは、単語ごとにどう発音するかが、地域単位で決まっている、社会的・慣習的な音の強弱・高低です。たとえば東京のことばであれば、「箸の下」と「橋の下」は、明らかに異なる意味を伝えます。

一方、イントネーションとは、自分の意図をどう伝えたいかによって、話し手が文全体に施すもの、つまり文末を上げたり下げたりするものです。

つまり、アクセントを話し手が勝手に変えることはできませんが、イントネーションは、変化させ、使い分けることができるものです。

まず、「箸・橋・端」の違いのような、現代日本語のアクセントについてみていきましょう。アクセントには地域差がつきものですが、ここではいわゆる東京のことばに関して話を進めます。

世界の言語で、アクセントを持たないものはありませんが、それはある単語に音の高低を付けて示すか、強弱を付けて示すか、のいずれかです。

日本語は「箸」「橋」を発音すればわかるように、前者の型、つまり高低アクセントを持つ言語です。

それでは、英語はどちらでしょうか。

中学校で習った単語、breakfast（朝ごはん）はブ**レ**ックファストとブレック**フ**ァスト、どちらの発音が正しいでしょうか。

答えは前者ですが、辞書で単語の強く読むところには ' という印が付いていることでもわかるとおり、英語は強弱アクセントを採用しています。

「2ルール4パターン」と覚えよう

現代日本語のアクセントについて知るためには、以下の「2ルール4パターン」をまず知っておけばよいでしょう。

まず「2ルール」ですが、ここで、頭を音節ではなく、再び拍の方に切り替えてください。つまり「ピーナッツせんべい＝九拍」の方です。

ルールその1は、「一拍目と二拍目の高さは必ず違う」ということです。

2ルール
①1拍目と2拍目の高さは違う
②いったん音が低くなったらもう高くならない

4パターン	
①頭高型	（例）いのちが
②尾高型	（例）おとこが
③平板型	（例）けむりが
④中高型	（例）ちきゅうぎが

日本語アクセントの2ルール4パターン

たとえば夏の果物「すいか」は二拍目の「い」が高く発音されますが、切符の代用になるJR東日本の「スイカ（Suica）」や駄菓子屋の定番「酢イカ」は、一拍目が高く、二拍目は低く発音されます。

ルールその2は、「ある単語を発音するときに、一度音が下がったらもう二度と上がることはない」ということです。

たとえばJRの駅「巣鴨《すがも》」では「す」の次に音が下がりますが、「巣鴨商店街」という一単語の中では、「すがもしょうてんがい」と、傍線の部分が下がることなくずっと続きます。

この二つのルールを踏まえて、次はアクセントです。

アクセントには四パターンがあるのですが、もう一度「箸」「橋」に加えて、「端」も発音してみましょう。するど、どうでしょうか？

何だか橋と端は同じような、違うような、妙な感じになりませんか。確認のため、と何回も繰り返すと、もっとわからなくなってきます。

というのは、日本語のアクセントとは、単語の後に「が」「を」など助詞を付けて初めて、この四つのパターンのうちのどれかが決まるからです。

そこで今度は「が」を付けて、「橋が」「端が」と言ってみましょう。アクセントが異なるのがわかると思います。

前ページの表を見てください。

まず最初のパターンから見ていきましょう。

これは「箸が」のパターン、つまり一拍目が高く、二拍目以降は後続する「が」も含めて、低くなるものです。「ネコが」「命が」「かまきりが」などが同様の例ですが、このパターンは**「頭高型」**と呼びます。

続くパターンは、「橋が」に見られるものです。

これは一拍目が低く、二拍目以降が高くなりますが、助詞のところで低くなる形です。

「黄身が」「男が」「弟が」などを発音すれば、同じパターンであることがわかるでしょう。

これは**「尾高型」**と呼ばれます。

「端が」は、パターンの三番目です。

これは一拍目が低く、二拍目は高くなり、それ以降は「が」「を」など続く助詞も含めてずっと同じ高さのものです。後に続く助詞も同じ高さなので、これは**「平板型」**と呼ばれます。「道が」「煙が」「公園が」などが、このパターンの仲間です。

最後のパターンは、「箸」「橋」といった二拍の語にはないものです。

つまり、平板型と同様、一拍目は低く、二拍目は高くなるのですが、その後、単語が終わるまでにまた低くなってしまうものです。たとえば四拍の単語「ちきゅうぎ（地球儀）」では、二拍目「きゅ」の後に低くなるし、「カタカナ」では三拍目「カ」の後で低くなります。このパターンは**「中高型」**と呼ばれます。

「豚丼ではありません」

ところで、言語にとって、アクセントはなぜ必要なのでしょうか。

ひとつには「箸」と「橋」のように、同じ音でも違う単語、いわゆる同音異義語の区別をするために必要だからです。特にもともとの日本語のことば、つまり和語が入っていることばの間では、アクセントの使い分けは重要です。

たとえば動物が「化けくらべ」をする民話がありますが、この童話を子供に読み聞かせるとき、登場する動物の一匹、

「タヌキどん」

は、蕎麦《そば》屋のメニューに時折見られる「たぬき丼」とは違って、「た」だけが高い頭高型で発音するでしょう。仮にこの民話にブタさんも出てきた場合、その名前である「ブタどん」も、ファストフード店の「豚丼」とは違うアクセントですね。「豚丼」で発音していては、聞いている子供だって、それはブタさんではない、と思うことでしょう。

ただし、日本語の同音異義語で圧倒的に数が多いのは、「貴下」「気化」などの漢字の組み合わせ、いわゆる漢語です。そして漢語の場合は、公園・後援・講演といった例が示すとおり、アクセントが同じであることがほとんどです。個々の語を見ている限り、あまり意味の区別には役立っていません。

むしろアクセントは、そのことばが他のことばと組み合わせて使われるとき、意味の区別をするのに役立ちます。たとえば「雨の橋」と聞けば浮世絵の情景のようなイメージですが、「飴の端」は、ベトベトしている感じがしませんか?

「いまどきのアクセント」をどう教えるか？

最近、特定の語でアクセントの変化が指摘されています。

たとえば「彼氏」は、従来は「か」が高い頭高型だったのですが、いわゆる「カレシ」の意味では、二拍目以降が高くなる平板型に変わっています。

この変化は意味の区別に役立つ一方、歓迎しない人も少なくないようです。アクセントの変化は無意識に身についた感覚的な現象なので、いくらそれが時流だからといって、簡単には変えられません。

けれども、言語は必ず、少しずつ変わっていきます。

たとえば現代ではNHKのアナウンサーですら平板型で発音する「赤とんぼ」ですが、半世紀ほど前の東京のことばでは「赤ちゃん」と同様に、これは頭高型の語だったのです。

外国人に日本語を教えていると、学習者はときどき、「日本人がこのように発音するのを聞いた」と新奇な（いまどきの）方のアクセントを使うことがあります。

僕の場合、このようなアクセントを強制的に直すことはありません。ただし、教え手として、標準的なアクセントはこうである、と学習者に示しておきます。というのは、「いまどきのアクセント」には、反発を覚える日本人もいるからです。

教師はことばの神様ではありませんが、学習者が日本語でコミュニケーションをするうえで、リスクが生じる可能性があるときは、適切な筋道を示さなければなりません。新しいアクセントが正しい・正しくないという二分法で語るのではなく、学習者と、学習者が話す相手とが気持ちよく日本語のやりとりができることを念頭に置いて、現在における標準的なものを示したいと考えています。

強気な容疑者の取り調べ

次は、イントネーションに関して考えてみましょう。

次の短い例文をみてください。

「行くの」

この文の最後を下げて読むと、「行こう」という自分の意志を示しますし、上げて発音すれば、親しい相手に「行くのですか?」と訊いているかのようになります。

イントネーションは大別すると、「文の終わりが下がるか・上がるか」に分かれます。

下がるイントネーションは、意志を示す他に、相手の行動・考えに納得したり、また逆に残念に思ったりする気持ちを示します。逆に上がるイントネーションは、「これ、よかったら、食べません？」などのように、勧誘を示すときにも使います。

以下は、前に留学生の授業でイントネーションを教えたときに作った、架空のやりとりです。逮捕された社長が、取調室で自分はまだ偉い、という思い込みのまま、刑事に水を要求するという設定です。

単語ひとつからなる、いわゆる一語文にも、イントネーションは存在します。

それぞれどんなイントネーションで、次の四つの「水」というセリフは発音されるでしょうか？

のどが渇いた社長はこう言います。

社長「水」

しかし、遅々として進まない取り調べにいらだつ刑事は、逮捕された身のうえで何だその物言いは、今の立場をわきまえろ、と言わんばかりにこう言い返します。

刑事「水？」

ハッとした社長はうなだれます。しかし、どうにものどが渇いてしかたがないので、哀願するように刑事の目を見て、もう一度言います。

社長「水！」

ヤレヤレとため息をついた刑事は、コップ一杯の水を汲《く》んできて、ほら早く飲んで全部話せよ、というふうに社長の前にそれを置いて、こう言います。

刑事「水」

実際のコミュニケーションでは、イントネーション以外に、表情や立ち居振る舞いなど非言語的な要素もかなり重要になってきます。とはいうものの、右のやりとりからは、イントネーションの果たす役割の大きさが、ある程度わかるでしょう。

「きわだたせの技術」プロミネンス

文末のイントネーションと同じように、文中でも、僕たちは、音に操作を加えています。それを簡単に紹介しましょう。次の文をみてください。

テーブルに、ペンを置きました。

この文の中には「テーブル」「ペン」と二つの名詞、つまり物事の名前をさすことばが入っています。これらのうち、片方だけを強めて言うと、どんな感じになるでしょうか。

テーブルに、ペンを置きました。

これだと、机や棚の上ではなく、テーブルという場所の上に置いた、という意味合いになります。逆に、

テーブルに、**ペンを**置きました。

なら、他のものではなくペンを置きましたと、置いたものが何であるか、に重きを置いた言い方になりますね。

このように、**人がことばを発する中で、ある箇所を何らかの方法できわだたせる技術をプロミネンス、または「卓立《たくりつ》」と言います。**

もっとも代表的なプロミネンスは、この例で示したように特定の部分を強く言う方法ですが、他にも音の高低で差をつけたり、長短で差をつけたりします。きわだたせたい部分の前後にちょっと間を置いたりすることも、有効な方法です。いわゆる「話し上手」の人は、一本調子にならず、プロミネンスの使い方にたけているものです。

発音が苦手な人の三タイプ

「ペラペラ」とか「カタコト」という語が示すように、外国語における上手さというのは、一般に発音の上手さを意味するようです。ここまでみてきたように、その発音（音声）とは、「拍・音節・アクセント・イントネーション・プロミネンス」といった道具立てで分析できます。

ここで、日本語教育では、どうやって音声の指導をしているか、少しだけ紹介します。

ある外国語の発音が苦手、という場合、次の三つのケースが考えられます。

①発音はうまいが聞き取りが苦手な人

②上手に聞けるが発音が下手な人
③残念ながらどちらも上手ではない人

③のケースは、結局のところ、この章の最初に述べた「音韻＝頭の中で音声を聞き取る仕組み」の問題になってしまいますが、僕の経験では、①のケースの人には初めは「小→大」、②のケースの人には初めは「大→小」の指導が効果的なように思います。

たとえば、①の聞き取りが苦手な人には、拍の感覚を身につけさせてから文単位の指導に進みます。逆に②の発音がうまくいかない人には、日本語の音の「流れ」というべき全体像を示してから個別の分析に進みます。そうすると、興味を持ってもらえるようです。

もちろん、いずれの場合もどちらかだけが優先ということはなく、一つずつの単語についての指導と、コミュニケーションのうえでの指導、どちらも大切になります。

音声を指導する場合には、ピーナッツせんべいやサザエさんの例で述べたような音節のルールを紹介します。拍の感覚を身につけてもらうことも大切ですが、拍はリズムの問題ですから、実際のことばの運用で役立てるには、音節の感覚で指導するほうが、より現実に即しています。

そしてその後で、実際の音を聞かせながら真似をしてもらったり、ドラマなどの一部を示して、音が消えたような部分はどこか、また強く話されている部分はどこか、と見つけてもらったりして、ルールが実際に使えるように、練習していきます。

また中上級になると、劇の一部を演じてもらい、その場面全体から生まれる、各自の感情や心境に応じた発音を考えてもらうこともあります。

ここまで、日本語を表記・語彙→音声と眺めてきました。次の章ではいよいよ「日本語をどう使うか」＝日本語の文法に入ります。

第4章　外国語として日本語文法を眺めてみると

「これはペンです」の驚き

これはペンです。

この文は、外国人のための日本語教科書で、最初の課で示されるものの一つです。英語では This is a pen. にあたります。私たち日本人には何の変哲もないこの文は、日本語を初めて習う外国人には、どのように映るのでしょうか。

これを想像するために、まず、「私たちが初めて英語の文を見たときにどう感じたか」を思い出してみましょう。

たいていの読者の皆さんは、中学校で英語を習う前、アルファベットの読み方くらいは知っていたことでしょう。しかし単語が連なった「文」となると、アルファベットを知るのとはまた少し違う驚きがあったと思います。恥ずかしい話ですが、僕は中学校に入る前、日本語をローマ字書きにすれば英語になると思い込んでいたので、英文の成り立ちを知って、ずいぶんびっくりしたものです。

This is a pen. という文を中学一年生が見たとき、もっとも理解しやすいのは、最後の

pen でしょう。日本語にも「ペン」という単語はありますし、pen は「ペン」をローマ字書きしたときのスペリングと同じです。けれども、その前に付く a が「一つの」という意味だと習ったときは、いちいち物の数を言わなければならないなんて、英語はずいぶん面倒なことばだな、と思いませんでしたか？

次は、文頭の This です。This は「これ」と習ったと思いますが、日本語の訳を考えて、だったら「これはペンです」の「は」がどうして英語にはないのか、疑問に思った人はいないでしょうか？

そしてもっとも厄介な存在は is でしょう。この単語は「です」にあたる、と教わったはずです。しかし、どうしてそれが文の途中に出てくるのでしょうか。

日本語の語順で訳をつなげれば、This is a pen. は「これはです一つのペン」になります。僕はこの英文を習ったとき、外国人は本当にこんな変な語順のことばを操っているのだろうか、と不思議な気持ちがしました。

もちろん、英語を母語にしている人にとっては、この語順こそ当然ですから、何の不思議もありません。しかし、僕の思い込みほど極端でないにせよ、初めて日本語の文を見たときの外国人の驚きは、これを逆にしたようなものと想像できます。

「これはペンです」という日本語の文を初めて知ったとき、欧米語を母語にする人なら、おそらくこんなふうに疑問に思うことでしょう。

・なぜ「ペン」の前に冠詞がないのだろうか？
・「これ」の後に置かれた「は」とは何だろうか？
・「です」は動詞のようだが、どうしてそれが文の最後に来ているのだろうか？

こういった驚きや疑問は、外国語の学習者が習い始めに必ず感じるものです。それは、自分の母語とは明らかに異なる文の構造、つまり「文法」を初めて知ったときの驚きや疑問です。

それでは外国語として日本語を習うとき、文法とはどのような役割を果たし、またどのように教えられるのでしょうか。

それは私たちが中学で習った国文法と同じものなのでしょうか、それとも何か別の、日本語教育用の文法があるのでしょうか。

ここからの二つの章では、それを探っていきます。

外国人のための日本語文法は国文法と違う

私たちが日常、「文法」と聞いて思い浮かべることは何でしょうか？

おそらく前述の「国文法」と、英語の時間に習った「英文法」でしょう。ここではとりあえず、文法とは文を作るための仕組みや決まりである、と簡単に定義しておき、私たちがなぜ文法を勉強しなければならないのか、その目的を考えてみます。


まず、国文法について考えてみましょう。

国文法とは日本語の文法であり、日本語とは私たちが日常、普通に用いている言語、つまり私たちの母語です。

国文法を習うとき、私たちは、それぞれの単語が名詞だとか形容詞だとかにグループ分けされることや、動詞が「活用」という名で、一定のルールに基づいた変化をすることなどを習います。たとえば「大きい」「うれしい」は同じ形容詞というグループにまとめられることや、「見せる」と「食べる」は同じ活用をすることなどです。

学校で学ぶ知識の多くは、生徒にとって新しいことであることが普通です。しかし国文法の場合は、新しく習うというより、それによって自分たちの母語と向き合い、「あぁ、そうだな」と確認することに比重が置かれるようです。すでに知っている日本語を、文法という新しい視点から考えるわけです。

これは、自分が住んでいる町の地図を眺めて、ここが自分の家、ここが駅前の通り、と確認することに似ています。言い換えれば、国文法の学習とは、言語の「分析」や「俯瞰《ふかん》」にあたる行為です。

一方、英文法はどうでしょうか。

中学校で英語を初めて習うとき、英語は私たちにとって未知の言語です。たとえば He swims. という簡単な英文を習うとします。その際、he や Tom などの「三人称単数」が「主語」のとき、疑問文では do ではなく does を用いて Does he swim? とする、などの約束事＝英文法を学習します。

では、なぜこんな事項を学ぶのでしょうか。

それは、このルールを知っていれば、たとえば右の文と似ている She plays tennis. という文についても、必要に応じて Does she play tennis? と正しく疑問文にすることができるからです。

つまり、私たちにとっての英文法とは、国文法のような、すでに知っていることを「分析する」ためではなく、簡単な訳出や英作文など、英語を「**運用する**」ためのものです。

語幹	未然形	連用形	終止形	連体形	仮定形	命令形
よ	ま	み	む	む	め	め

国文法での「よむ」（読む）の活用（マ行の五段動詞）

辞書形	マス形	テ形	ナイ形	意向形	条件形	命令形
よむ	よみます	よんで	よまない	よもう	よめば	よめ

日本語教育文法（文型文法）での「よむ」（読む）の活用

なかなかそう思えないかもしれませんが、それは文法そのものに理由があるのではなく、文法教育に問題があるためです。

外国人学習者のための日本語の文法とは、後者、つまり日本語を実際に使うために学習するものです。学習者のほとんどは、日本語を使ってコミュニケーションができるようになることを希望していますから、文法もその役に立つように構成されています。

私たち日本人は、別に文法を知らなくても、普通に日本語を話したり書いたりできます。けれども外国人には、日本語を話したり書いたりするための、明示された知識が必要になります。**つまり、「日本語教育文法」とは、日本語を母語としない人であっても、そのルールを知れば一定の文を作り、それを話したり書いたりすることが可能になるための、一連の決まりごと**

です。

そのために、この「日本語教育文法」は、用語や切り口など多くの点で、国文法とは異なります。

大きな違いを一つ、あげてみましょう。

たとえば「よむ」(読む)という動詞は、国文法では前ページの上の表のような活用である、とされています。

このような活用は、中学校のときに五段動詞、一段動詞、カ変・サ変といった分類とともに学習したことと思います。日本語教育文法でも、動詞の活用を表にして示していますが、それは国文法とは違う切り分け方です。

たとえば「よむ」であれば、同じページの下の表のような活用を考えます。

まず、日本語教育文法における動詞活用の特徴を二点、あげておきましょう。

第一に、同じ形のものは、わざわざ別建てにはしません。国文法における動詞の終止形と連体形は同じ形ですが、日本語教育ではこれを「辞書形」として、一つにまとめ上げています。

第二に、実際に使ううえで切り離さないものは、ひとつのまとまりとして考えます。たとえば「ナイ形」に該当する「よまない」は、国文法においては語幹＋未然形「よま」に、助動詞の「ない」を付け加えたものと考えますが、日本語教育ではこれを活用の一種ととらえます。

このようにする理由はもちろん、学習者が実際に日本語を用いてコミュニケーションを行うにあたって、なるべく覚えやすい切り分け方をめざしているからです。

何でも「文型」で考える

前の項で、動詞について、日本語教育では、実際に用いる際に切り離さないものは、ひとつのまとまりとして考える、と述べました。

動詞の活用形だけでなく、ある動詞が何か他の語と一定の結びつきをしているものもまた、「まとまり」と考えます。

このように、**主として動詞を中心とした文法項目をパターン化したものを「文型」と呼びます。**

日本語教育文法の基本である「わかりやすく役に立つ文法」という考えを推し進めていくと、「文型文法」という考え方に行き着きます。そこで、日本語教育文法を文型文法と呼ぶこともあります（この本でもここからそのような使い方をします）。

外国人のための日本語教育では、多くの場合、この文型文法に基づいて授業が行われています。

ここからは、基本的な文型と、それをどのように教えていくかを紹介していきましょう。

まず、次の文型を見てください。

N1に　N2が　ある

これは、初級文型の重要なものの一つで物の存在を示すときの文型です。Nとは物の名前、つまり「名詞」のことです。

日本語では物の存在を示すときに、動詞「ある」を用います。しかし、学習者に「ある」だけを教えても、すぐにそれを使うことはできません。

たとえば、ある外国人が離れた場所にある携帯電話の存在を言いたいとして、次のように話しかけてきたとしたら、どうでしょうか？

ある携帯向こう。

何とか理解できるかもしれませんが、ちょっと戸惑うのではないでしょうか。

向こうに携帯がある。

このような正しい語順で言うことで、初めて話し手の意図は明瞭になるし、聞く方も理解できるようになります。

つまり、「ある」という動詞については、

・それを用いて文を作るとき、主として「に」「が」という二つの助詞を伴う

・存在を初めて示す文では、語順は「ドコドコに＋ナニナニが＋ある」となるが、実際にこの動詞を用いるうえでのルールなのです。

当たり前じゃないか、と思うかもしれません。

しかし、日本語を初めて学ぶ外国人は、その「当たり前」の知識がありません。知識が

ないからこそ、このように「文型」を明示する必要があるのです。

私たちも、たとえば英語で「鍵ならここです」と言う場合、The key is here. かな、それとも There is a key here. がいいかな、と迷ったりしますが、外国人が日本語で文を作り、話そうとするときの事情も、これと同じことです。

文型は拡張する

さて、文型のおもしろいところは、それが単純なものから複雑なものに変わること、いわば「拡張」をするという点です。

たとえば右の「N1に　N2が　ある」という文型の場合、「N1」に入りそうな語としては、「向こう」や「そっち」などがあります。けれども、この「ドコドコに」にあたるものは一語とは限りません。「テーブルの上」「引き出しの中」など「名詞＋の＋名詞」の形になる場合も、普通です。

この形を文型として表示すると、

N1の　N2に　N3が　ある

となります。学習者にとっては前の文型より少しだけ長く、ちょっと複雑になりました。文型が「拡張」したのです。

この文型まで学べば、学習者は「向こうに携帯がある」から「テーブルの上に携帯がある」などと、物の場所について、より詳しく言えるようになります。

品詞の分類も少し違う

文型文法を用いた授業では、学習者はある文型と、その文型の中に入ることば、つまり単語を学び、それを聞いたり、自分で口にしたりして、覚えていきます。

単語を文法的な性質から分類したもの、たとえば名詞や動詞などの区分を「品詞」と呼びます。

それでは、日本語教育文法では品詞をどのように分類しているのでしょうか。

国文法では一般に、現代日本語の品詞として十一項目を立てています。それは名詞・代名詞・動詞・形容詞・形容動詞・副詞・連体詞・接続詞・感動詞・助詞・助動詞です。

これに対して、日本語教育では、さまざまな議論があるものの、品詞として学習者に教えるものは、名詞・動詞・イ／ナ形容詞（後述）・副詞・助詞くらいのものです。
というのは、学習者は、日本語の分析をしたり、品詞分類を学んだりするために文法を学んでいるのではないからです。

繰り返しますが、外国人学習者のほとんどは、日本語を実際に使うためのルールとして文法を学んでいます。その目的のためには、品詞の区分はシンプルであるにこしたことはないのです。106ページで述べたように、助動詞は動詞の活用に含んでしまいますし（「読まない」など）、接続詞などは文型の一部として提示すればすんでしまう場合がほとんどです。

これは別に、日本語教育文法がずさんだ、ということではありません。

日本語教育文法は、あくまでも学習者の利便から考えられ、教え手と学習者が共有すべき事項としての分類を行っている、ということです。**国文法と日本語教育文法は、互いに優劣をつけるものではなく、それぞれ学ぶ目的が違っているのです。**

「〜だ」でなく「〜です」のかたちで教える理由

文型について、もう少し詳しく見ていきましょう。

文型を網羅した書籍としては『日本語文型辞典』（グループ・ジャマシイ編著、くろしお出版）が有名です。この辞典には、およそ三千の文型が提示されています。

日本語学習の初級では、この三千のうち、形が簡単であり、後で学ぶ複雑な文型の基礎となるものから教えられます。

たとえば、実際の授業では多くの場合、まず、

・述語部分が「名詞＋です」である「名詞文」（例　これはペンです）

と呼ばれる文型を教えます。その後、提示順は教科書によってやや違いますが、

・述語部分が形容詞である「形容詞文」（例　桜はきれいです）

・物や人のありかを初めて示す「存在文」（例　庭にベンチがあります）

・述語部分が動詞である「動詞文」（例　私は帰ります）

と続きます。

ここからは、このような、日本語を話すための基本文型を外国人学習者の立場から考え、そこから見える日本語の特徴を探ってみたいと思います。

その前に一つ、注意しておくことがあります。

それは、初歩の日本語教育では、国文法のような「〜だ」「〜する」という形ではなく、

「〜です」「〜ます」のような形が先に教えられるということです。

理由は、二つあります。

一つは、習い始めのころはとくに、「です・ます」の形を使う方が、コミュニケーション上のリスクを小さくできるためです。

私たちは新入社員や転校生としてある集団に新しく加わるときや、知らない人に話しかけるときは、「です・ます」を使い、気心が知れた同士のような話し方はしません。外国人はとりわけ、日本の社会では新入社員や転校生のような立場に立つことが多いものです。あまり知らない相手と話すケースも多いでしょう。この場合、最初のうちは丁寧なことばを使う方が、「この外国人は失礼な話し方をする」「なれなれしい」といった、無用の誤解を受けずにすみます。

もう一つの理由は、「です・ます」の形の場合、動詞の活用が簡単になることです。これについては、あとでまた述べます。

「これはペンです」の文型は使いでがある

自分が日本語を勉強していて、名詞文「これはペンです」を習っているところだと想像してみましょう。
この文は、「これ」「ペン」という二つの名詞の関係を表しています。
この文型が使えるようになれば、

私は李です。中国人です。

のように、簡単な自己紹介ができますし、家族の写真を見せて、

これは母です。

と教えたり、クラス内で、

こちらはヤンさんです。

と、クラスメートを紹介したりできるようになります。

この文型のもっとも基本的な応用は、「打ち消す形」「尋ねる形」にすることです。「これはペンです」であれば、「です」を「じゃありません」という形にすれば、次のような打ち消しの形になります。

これはペン**じゃありません**。

また、「です」の後に「か」をつければ、次のような尋ねる形になります。

これはペンです**か**。

日本語教育文法では、「Nは〜じゃありません」は、一つの文型として示します。国文法なら「この部分は、助動詞ダの連用形デに係助詞ハがついたデハが口語でジャとなり、動詞アルの連用形アリに、助動詞マスの未然形マセと助動詞ヌ（ン）がついたものである」となりますが、そうは教えません。こちらの方が精緻な分析であることはいうまでもありませんが、日本語教育文法のルールはシンプルで覚えやすいものであるべき、という理念を思い出してください。

「N1は　N2です」の名詞文は、自分や他の人の所属や名前を言う場合以外にも用いられます。

それはいくらですか。
シドニーはいま八時です。
クジラは魚じゃありません。

このように、**事物の様子や属性**を述べるときにも用います。動作について述べることはできませんが、意外に使いでがあります。

私はスミス？　私がスミス？

ここまでは、教えるにせよ、習うにせよ、わりと簡単なのですが、学習者の中には、授業の前に自習をしている熱心な人がいます。そうした中には、授業中に手をあげて、自分の母語で次のような質問をする人がいます。

「先生、では『私はスミスです』と『私がスミスです』は何が違いますか?」

学校の国語の時間では、生徒はたいてい日本人です。「は」と「が」は無意識のうちに区別して使っていますから、その相違を教えたり、習ったりすることはありません。しかし、外国語として日本語を習う学習者にとっては、これは大きな問題です。私たちが英語の文を書くときに、この名詞の前にはaとtheのどちらを付けるのか、または何も付けないのか、などと戸惑うことに似ています。

皆さんも、ちょっと考えてみてください。

「私はスミスです」と「私がスミスです」は、何が違うのでしょうか。

以前、ある専門学校で「日本語教授法」を教えていたとき、日本人の学生たちに「この質問について、参考書などを見ないで三十分話し合い、自分なりの結論を出しなさい」という課題を出したことがあります。このときの学生たちの結論は、以下のようなものでした。

「私はスミスです」は単に事実を述べているが、「私がスミスです」は、他の人ではなく、自分がそうだ、ということを強調している。

これは、完全な正解とはいえませんが、考えの筋道としてはよいところを突いています。

彼らの答えに即して、考えていきましょう。

まず「私はスミスです」という文は、確かに名詞文「N1は　N2です」のNの部分に、「私」や「スミス」を入れて、「私イコール、スミス」という事実を述べています。

ではここで、N1にあたる部分に、「何」「誰」のような疑問を示す単語を入れて、尋ねる形にしてみましょう。

そうすると、あることに気づきませんか？

そう、疑問を示す単語は、N2には入っても、N1に入れることはできないのです。たとえば、「あの人は誰ですか」とは言えますが、「誰はあの人ですか」とは言えません。このことをふまえて、疑問を示す単語を使って、この文型で簡単な会話を作ってみましょう。たとえば、次のようなものです。

Aさん「あの人は誰ですか」
Bさん「(あの人は) スミスさんです」

このとき、Bさんの答えのうち前半の「あの人は」は、カッコに入れたことでわかるように、言わなくても通じます。二人の話題が「あの人の名前」であることは明らかですから、いちいちことばにする必要はないのです。

言い換えれば、Aさんが聞きたい情報は「スミスさん」だけです。

少し難しく言うと、「スミスさん」こそ、Aさんが聞きたい情報であり、Aさんにとっての新しい情報です。つまり、「N1は　N2です」という名詞文では、聞き手が聞きたい・話し手が伝えたい新情報は、常にN2なのです。

ところが、「が」の文型、つまり「N1が　N2です」の文型では、「は」の文型とは逆になります。つまり、疑問を示す単語はN1にしか入りません。たとえば、「誰がスミスさんですか」とは言えますが、「スミスさんが誰ですか」はおかしいですね。

これを使って前と同じような会話を作ると、たとえば左のようになります。

Aさん「誰がスミスさんですか」
Bさん「私がスミスです」

このBさんの答えで、大事な部分は前半の「私が」でしょうか、それとも後半の「スミスです」でしょうか。

そう、Aさんが聞きたい答えは「私が」の方ですね。

それはこの会話で、Bさんが「私がスミスです」のかわりに「私です」と答えても通じることからもわかります。「スミスさん」について話しているということは、双方とも了解ずみの古い事項、いわば旧情報であって、ここでAさんが求めている新情報は「私」のほうです。

これで、最初の質問の答えは明らかになりました。

「私はスミスです」ではN2が新情報であり、「私がスミスです」はN1が新情報である。

専門学校の学生たちが答えた「他の人ではなく、自分」とは、新情報という考えを自分たちなりに消化したものです。ただし、外国人にこの違いを教える場合、英語でニューインフォメーションがどうのこうの、と説明してもわかりにくいので、

「何」「誰」のように疑問を示す語が最初に来る文では「が」を使う。

と、単純なルールにして教えます。

「は」と「が」の区別など、日本語が母語であれば、小学一年生でも無意識にしていることです。しかし、このように筋道を立ててルールを考えると、私たちは何が新しい情報であり、何がそうでないかを瞬時に判断し、それを助詞一つの違いに込めて使い分けていることに気づきます。文法を考えることは、外の世界を私たちがどのように認知し、それを

言語でどのように切り分けているかを考えることなのです。

イ形容詞とナ形容詞

次に、「桜はきれいです」のような、「形容詞文」について考えてみます。

形容詞文の基本的な成り立ちは、名詞文「N1は　N2です」におけるN2の部分に、「きれい（な）」のような形容詞が入るものです。

ここで「あれっ？」と思った方もいるかもしれません。学校で習った国文法では、たとえば「美しい」は形容詞、「きれい（な／だ）」は形容動詞と区別されていて、「きれい」は形容動詞だからです。

けれども、日本語教育文法では、どちらも物事の様子や気持ちを述べるものですから、形容詞というカテゴリーでまとめてしまいます。そして、「大きい」「欲しい」のように「い」で終わるものをイ形容詞、「高価な」「いやな」のように「な」で終わるものをナ形容詞と呼んでいます。

もちろん、文中での形は異なります。

イ形容詞の場合、この文型では「桜は美しいです」のように、形容詞がそのまま入ります。しかし、ナ形容詞では、たとえば「桜はきれいなです」とは言えず、ナを取って「桜はきれいです」としなければなりません。「平和」「元気」といった漢語や「インターナショナル」「クリーン」といった外来語を形容詞にする場合は、すべてナ形容詞になります。

「きれい花は好きくない」と間違える理由

ただし、教える側がイ・ナ二つの形容詞の違いで、イで終わる・ナで終わるということを強調しすぎると「きれい（な）」「きらい（な）」などのナ形容詞をイ形容詞と混同してしまう場合があります。

その結果、学習者は、「きれい花」「きらい食べ物」のような間違い、つまり「誤用」をしてしまうことが、しばしばあります。

また「好きな」も、実際に日本人が話しているのを耳で聞くと、たとえば、

—あたしマイメロ好きぃ！

のように聞こえるときがあります。すると「好きな」をイ形容詞だと思ってしまい、自分で活用させて「私はそれが好きくない」のような誤用になってしまいます。このように、外国人が話す文法的な間違いにはたいてい、それなりの理由があるものです。

「あの教会は古いじゃありません」

文中での形容詞の働きは、二つあります。

一つは「あの教会は古い（です）」のように、文の終わりに付いて述語となるものです。もう一つは「古い教会」のように、名詞の前に付いて、それがどのようなものかを示すものです。

中学校の英語で、

That church is old.（あの教会は古いです）

↔

That is an old church.（あれは古い教会です）

という書き換えの練習をしたと思いますが、この使い分けは、日本語でも英語でも、だいたい一致していますね。

それでは、形容詞文はどのように複雑になっていくのでしょうか。右にあげた二つのパターンそれぞれについて考えてみましょう。

「あれは古い教会です」のような文では、名詞文のときと同じように「です」を「じゃありません」「ですか」に変えれば、それぞれ打ち消しの文、尋ねる文を作ることができます。また「あの教会は古いです」のような文の場合、打ち消しの場合は「古くありません」と、名詞とは違う形になります。この学習をきちんとしないと、「あの教会は古いじゃありません」という誤用が生じます。

さらに、「〇〇（名詞）は　△△（形容詞）です」という文型で、前半と後半の間に、別の「名詞＋助詞」が入り込む場合があります。たとえば「田中さんは**サッカーが**好きです」になるようなケースです。この、

N1は　N2が　形容詞

という文型は、意味の範囲がとても広く、先の例の他に、**得意・不得意**（「鈴木さんは数学が苦手です」）や、**容貌の描写**（「高橋さんは背が高いです」）などを表します。また、

「東京は**大阪より**大きいです」

といった比較の文や、

「あのレストランは**安くておいしい**です」

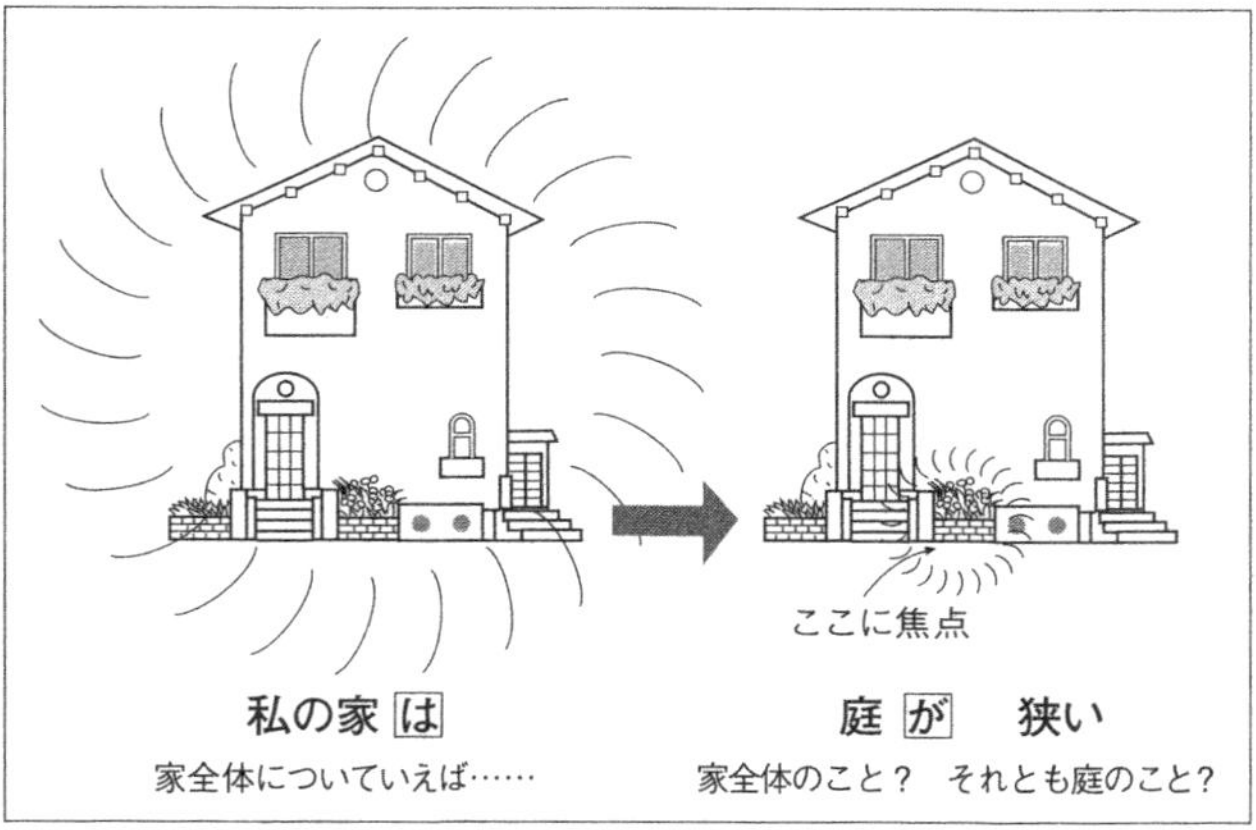

「私の家は庭が狭い」

のように形容詞を重ねて用いる文型も、初級の日本語学習では大切なところです。

「私の家は庭が狭い」の主語はどれ？

では、この文型に関して、ちょっと難しいことを考えてみます。

名詞文の最後（117ページ〜122ページ）で、「は」「が」の違いについて、旧情報・新情報という道具立てで考えました。

では次のような文の場合、主語はN1・N2のどちらになるでしょうか。

私の家は（N1）庭が（N2）狭い。

答えは「庭が」の方です。

なぜなら、文中の「私の家」は、家屋と庭の全体をさしていますが、この文で「狭い」のは家屋ではなく、庭のほうです。つまり、この文は「私の家についていえば（＝話題）、庭が（＝主語）狭い（＝述語）」ということだからです。

ただし日本語では、ある名詞にこのような助詞がついていると主語になる、と形式から主語を判断することはできません。

文頭に「N1は」が来れば主語、というわけではないのは、右の文から明らかですね。

それでは文頭が「N1が」ならどうでしょうか。

この場合も、常に主語とは言えません。たとえば「カメラが欲しい」という文では、カメラというのは動作の主体ではなく、○○を欲している、という目的のものを示します。

とはいえ「私は（が）田中です」では、「〜は」「〜が」のどちらにも、主語的な性格は認められます。

さらに、主語イコール動作の主体者と考えるなら、たとえば、

「私からその件を話しておきます」

の「私から」（「N1から」）でさえ、主語と考えられます。

ここでは何か動作を行う主体者を「主語」と考え、「私の家は庭が狭いです」の「私の

家」のように、文の話題となっていることは、文法の道具立てとは異なる「**主題**」として、区別しておけばよいでしょう。

「ある」「いる」存在文

続いて、「庭にベンチがあります」のような文について考えてみます。この文型を「**存在文**」と呼びます。存在文というのは耳慣れないことばですが、次のようなものです。

N1（場所）に　N2（名詞）が　ある（いる）

これは、物や人が存在することを、初めて述べるときの文です。

「初めて」とは、少し妙な言い方ですが、どういうことでしょうか。

たとえば誰かと話しているとしましょう。会話のなかで、あるベンチについてふれるとします。すでにそのベンチについて話題にしていたら、存在文「庭にベンチがあります」では示しません。次のような、存在文でない文型で示します。

そのベンチは、庭にあります。

存在文「ベンチがあります」は、聞き手にあるベンチの存在を初めて知らせたいときに使うのです。

つまり、先に121ページで述べた「私がスミス」＝「〜が↓新情報」という考えが、存在文においても成り立つのです。

ところで、日本語の存在文がおもしろいのは、

・物の存在を示すときは「〜が＋あります」
・人や動物の存在を示すときは「〜が＋います」

と、動詞を使い分けることです。なかなか来ないバスを待っているときなど、

「今、バスはどの辺に**いる**んだろう」

と、バス（物）なのに「いる」を使う場合もありますが、僕の専門である認知言語学の理論では、これはバスという「容器」で運転手という「中身」を示している、と考えます。

「猫が四匹」と「四匹の猫」

存在文は、前半部も後半部も、より複雑な形に変わります。

前半部では、110ページで述べたように、「ドコドコ（N1）に」の部分が変化します。最初は、「テーブルに」「ここに」のように、場所を一語で示す文を教えるのですが、学習者がこれを言えるようになったら、「ドコドコに」を「テーブル**の上**に」「引き出し**の中**に」のように、位置や方向を示すことばも加えて少し複雑な形にします。ここに使う単語の例としては、上（下）・中（外）の他に、前・後・横・隣や、東・西・南・北などがあります。

かごの中の猫

実際の授業ではたとえば、教え手は大きめのミニカーとそれにあわせたサイズの人形を使って、位置関係をさまざまに示します。学習者はそれを見ながら「車の前に人がいます」「車の中に人がいます」のような文を作ります。

ここで注意しなければいけないのは、単語を組み合わせる語順です。たとえば「家のうしろに」を、学習者によっては「うしろの家に」と言ってしまったりします。「かばんの中に」「中のかばんに」もそうですが、語順一つで意味が違ってきてしまいますね。

次に後半部では、存在するもの（N2）の数量を示す際の語順がポイントになります。たとえば前ページの写真について、存在文を使って言ってみましょう。答えは、

かごの中（N1）に猫（N2）が四匹います。

ですね。ここで、単位を示す「匹」が使えることは大切ですが、「猫が四匹」という語順は、さらに大切です。学習者の中には、この語順を習っても、やはり「四匹の猫が」と言ってしまう人が少なくないからです。

「四匹の猫が」も間違いではありませんが、私たちが普通に言う語順とは、少し違います。普段意識しないことですが、日本語では物や人の数量を示す場合、数量を示すことばは後に付くことがはるかに多いのです。

たとえば「三本の缶コーヒーを買った」でなく、普通は「缶コーヒーを三本買った」と

言いますし、絵かき歌でも「あんパン二つ、豆三つ、コッペパン二つくださいな♪」と言います。

「中のかばんに」とか「四匹の猫が」などと学習者が言ってしまう原因は、日本語と他の言語の語順の違いにあります。

たとえば英語では「かばんの中に」は in the bag のように、「中＋かばん」の語順になります。また「四匹の猫が」なら、four cats と、やはり「猫が四匹」とはならず、語順は反対になります。

このように、日本語の間違い、つまり「誤用」の理由がつかみやすくなるという理由から、日本語を教えるときは、なるべく学習者の母語を知っているほうが望ましいのです。

「そこをもっと強くお願いします」

「ここ」「あの」といった「こそあど」は、存在文によく出てきます。この「こそあど」についてですが、基本的には次のようなルールで学習者に説明します。

・「この写真、見てくださいよ」のように手近の事物は「こ」
・「それ、いくらでしたか」のように自分より相手に近い事物は「そ」

・「あれは学校です」のように互いから遠いものは「あ」

ここまでは、学習者にとって覚えやすい部分です。

ただし、自分と事物との距離は、見た目だけでなく、気持ちのうえの距離に影響される場合があります。

僕は肩が凝《こ》るので、ときどき近所のカイロプラクティックに行くのですが、担当のT先生は僕の肩にふれると、

「荒川さん、ここ、凝ってますねえ」

と言っては、絶妙にコリをほぐしてくれます。

一方、言われた僕自身は、自分自身の肩でありながら、

「そうです、そこ、もっと強くお願いします」

などと答えます。先生の言う「ここ」と僕の答えの「そこ」の関係は、一見妙ですが、日本語としてはごく自然です。この場合、自分の肩であっても、そこをどう施術するかという「権利」はT先生にあり、その気持ちが、実測の距離に優先するわけです。

さらに、「こそあど」は目の前のことを言う場合はさほど難しくありませんが、会話の中の話題や心の中のことを指す場合、学習者には使い分けが難しくなります。たとえば次

のように言ったりします。

私の知り合いにインド人がいます。**あの**人は……。

このような場合の「そ」と「あ」の使い分けは難しいようです。そこで、
・一方が知っていて、他方がまだ知らないことは「そ」を使う
・互いに知っていることは「あ」を使う
のように、簡単にルールを示しておけば、学習者には、会話で実際に使うときも手がかりとなります。

活用は一ヵ月でマスターできる

ここから、文型の花形である「動詞文」に入ります。
まず、次の例文をみてください。

昨日、私は八時におきました。九時に、朝ごはんを食べました。朝ごはんは、トー

ストとサラダでした。おいしかったです。十時に電車で銀座へ来ました。デパートで黒いコートとストライプのネクタイを買いました。

仮に、皆さんが休日の銀座駅で、誰か外国人に道を訊かれ、ついでにその人とちょっと会話をしたときに、右のような話を聞いたとします。この人の日本語をどう評価しますか？　基本的なことしか言ってないにせよ、かなり日本語が上手だな、と思うのが普通ではないでしょうか。

「あいうえお」も知らない外国人が、ゼロから日本語を始めた場合、どれくらい勉強すれば、これくらい話せるようになるのでしょうか。

答えは、もし一日に三時間、月曜から金曜まで学べば、早ければ一ヵ月、どんなに遅くても二ヵ月で、このレベルまで達することができます。僕は日本の中学・高校の英語教育にはそれ相応の意義があると考えていますが、日常レベルの会話が話せる段階まで持っていくコースの組み立てとスピードでは、率直に言って学校の英語教育は、日本語教育の足元にも及びません。

そんなに早くできるわけがない、日本語は動詞の活用が難しいんだから、と考える方もいるかもしれません。多くの人は国文法の五段動詞、サ変・カ変といった活用を思い出し、あいうえおも書けないのに一ヵ月で動詞の活用がマスターできっこない、という先入観を持っているようです。

しかし**「です・ます」で教える限り、日本語の動詞は非常に簡単な仕組み**なのです。

「マス形」で活用する

ここでも、まず文型で考えてみましょう。

動詞文のもっとも基本的なパターンは「私は帰ります」のように、

Nは　動詞

というものです。

このパターンは誰が何をするか、だけしか示していませんが、現実の生活では、ある動作を述べるとき、付随することがらをいっしょに言うのが普通です。

たとえば、小学生の男の子が話しているのを聞いていると、ときどき、互いの話に突っ

込んで、

「そんなこと、誰が、どこで言ったんだよ！　いつ、何時何分何十秒⁉」

などとふざけあっています。この「どこで」「いつ」などが、ここで言う「付随することがら」です。

ほかにもたとえば、私たちが誰かに「私は帰ります」と言う場合、そのときどきの事情に応じて、交通手段、経路、同行者などを述べることがあります。

それらはたいてい、「私は六時に帰ります」のように、主として「名詞＋助詞」の形で、動作主と動詞の間に入れて示します。中には、

「私はおととい帰りました」

「田中さんは三回来ました」

のように、助詞をつけない単語もあります。

日本語教育の初級では、他に「Nへ」など方向を示すもの、「Nを」で目的や対象を示すもの、また「NからNまで」のように起点と着点を示すようなものも、教えられます。

次は動詞の形、つまり活用です。

まず、尋ねる形は「テレビを見ます→テレビを見ますか」のように「か」を付けます。

元の形	たべます	過去を示す形	たべました
打ち消す形	たべません	過去の打ち消しの形	たべませんでした

マス形の基本的な変化

これは「あれは教会です→あれは教会ですか」のように、名詞文とルールは同じですから、学習者には簡単です。

新しく学習するのは、

・打ち消す言い方

・過去のことを示す言い方

そしてそれを足した、

・過去のことを打ち消す言い方

です。

たとえば「帰ります」だったら、「ます」を「ません」にすれば打ち消しに、「ました」にすれば過去に、「ませんでした」にすれば過去の打ち消しになります。動詞を「〜ます」という丁寧な言い方にしておけば、国文法の五段動詞も、一段動詞も、サ変・カ変動詞もみな右にあげたような同じ活用になります。日本語を習う外国人にとっては、この形は単純で覚えやすく、たいへんに便利です。

この「〜ます」の形を、日本語教育文法では**「マス形」**と呼びます。

さきほどの「銀座の話」で用いられた動詞はすべて、このマス形の変化を用いたものです。動詞をマス形にして変化させ、さきほどの「Nは＋（　）＋動詞」の文型に入れると、外国人学習者は自分の一日の生活や週末の行動について話すことができるようになります。さらに名詞文や形容詞文も交えて話せば、話の内容は一気に広がります。

初級のヤマ場「テ形」

日常の生活について話せるようになった後、初級の動詞文は最大のヤマ場を迎えます。それは「読んで」「食べて」「来て」など、国文法で言う動詞の連用形に「て」をつけた、**「テ形」**と呼ばれる形の学習です。

この「テ形」が初級日本語指導のヤマ場である理由は、大きく分けて二つあります。まず学習者は、テ形を学ぶことによって、動詞が活用で分類されることを知ります。先述の通り、マス形で用いる限り、すべての動詞は打ち消し（ません）・過去（ました）・過去の打ち消し（ませんでした）が、それぞれ同じ形になります。

ところがそれをテ形にすると、動詞ごとに違うルールになります。たとえば、次の動詞を「〜て」の形にしてみましょう。

泳ぎます　←　泳いで
見せます　←　見せて
します　←　して
来ます　←　来て

「泳ぎます」は「ぎます」を「いで」にします。国文法が得意だった方であれば、これは「泳ぎて」のギが、イに変わった連音変化、いわゆるイ音便であることを思い出すでしょう。一方、残りの動詞は「ます」を「て」に変えるだけです。

たいへんなのは、この「泳ぎます」のように、国文法で五段動詞と呼ばれるものです。この時期までに学んでいる動詞でこのグループに入るものには、「買います」「書きます」「行きます」「立ちます」「読みます」などがあります。

これらをそれぞれ、テ形に変えてみましょう。「買います」は「買って」、「書きます」は「書いて」、「読みます」は「読んで」など、ルールがあるような、ないような、妙な感じですね。まして、これを外国人に教える・外国人が学ぶとなると、かなり厄介に思えます。

それに比べれば、国文法で一段動詞と呼ばれる「見せます」「食べます」などや、サ変動詞「します」、カ変動詞「来ます」のテ形は、まだ簡単です。

なお、学習者はマス形の後に「辞書形」と呼ばれる、普通の形を勉強します。辞書形、つまり国文法の終止形では、たとえば「来ます」は「きる」ではなく「くる」、「します」も「しる」ではなく「する」になりますから、ここも単純なルールではありません。

テ形というのは、日本語が動詞の形を複雑に変えていく過程――といっても英語やフランス語よりははるかにやさしいのですが――の、第一関門です。教え手としては、ここで学習者が挫折しないように工夫して、楽しく勉強を続けてもらわなければなりません。

テ形が山場であるもう一つの理由は、これをマスターできれば、そこからコミュニケーションのうえで大切な文型がウニの棘《とげ》のように伸びていくからです。たとえば次のような、実に多くの文型が、テ形から生まれます。

・~て+います=進行中の動作（「食べています」）や状態（「住んでいます」）
・~て+ください=要請
・~て+も+いいです=許可
・~て+みます=試行

『日本語文型辞典』には、テ形から拡張する文型が百近く収録されていますので見てみてください。このように、テ形は学習者にとって、正確に覚えるのはたいへんですが、ひとたびマスターすれば、実に使い道が多く、役立つ活用形なのです。

ここまで学習すれば、名詞文と形容詞文で物事の属性や関係、または特徴が述べられるようになり、存在文で物や人の有無を話せるようになります。また、動詞文で自分や他人の行動や意志を伝えられるようになります。さらにテ形を学ぶことで、右に述べたような、さまざまな表現を使いこなせるようになります。

これで外国語としての日本語は、初級学習のだいたい三分の一程度が修了したことになります。「日本語能力試験」でいえば、一番下のレベル、4級に合格する程度の日本語力を備えていることになります。

この章のポイントを、ざっとまとめておきます。

まず日本語教育文法の目的は、「日本語によるコミュニケーション」のためにあり、国文法とは違う成り立ちをしていることを見てきました。

次に、文型文法の特徴とそこから観察できる日本語の特質をいくつか探ってみました。

少しくわしく繰り返すと、まず名詞文においては打ち消しや尋ねる形が基本の拡張であること、そして「N1は　N2です」と「N1が　N2です」の相違について述べました。

続く形容詞文ではイ形容詞、ナ形容詞に分類される形容詞の特徴を考え、また日本語における「主語」の問題を少し論じました。また学習者がしてしまう間違い、つまり「誤用」の理由にもふれました。

さらに存在文では、「〜の場所に」「〜が＋数量」といったものが付くことでより複雑な形に変化することを観察し、その後で「こそあど」についても考えました。

最後の動詞文では、マス形における拡張と、文型の宝庫というべきテ形についてもみてきました。

四つの秘訣

この章の最後に、日本語学習者が文法を学ぶ目的について、あらためて考えてみましょう。

日本語教育文法を学ぶ目的が、習っていることばの「運用」にあることは、すでに述べた通りです。

では日本語教育の授業では、文型文法を、どのように実際のコミュニケーションに結び付けているのでしょうか。

たとえ授業での文型練習でも、学習者にとって設定にリアリティがなければ、その例文は無味乾燥な、人の息づかいが感じられないものになってしまいます。

たとえば、「N1は　N2です」という名詞文は、文末に「か」を付ければ尋ねる形になります。しかし、教師がそのルールを説明し、生真面目な顔つきで一冊の本を指さし、外国人の学習者に向かって、

「これはペンですか」

などと聞いたら、どうでしょうか。

少し意識が高い学習者であれば、何を馬鹿馬鹿しいことを、と思うはずです。

というのも、自分が本を指さして相手に「これはペンですか」と聞くような状況は、実際のコミュニケーションでは、まずありえないからです。**このような問いかけは、文法的に正しくても文としては死んでいるし、授業そのものもまた、死んでいます。**

文型文法を実際の生き生きとしたコミュニケーションに結び付けるためには、日本語教

育の実践者たちが考え、工夫してきた秘訣があります。

テレビなどのマスメディアには流暢《りゅうちょう》な日本語を操る外国人が数多く登場しますが、この人たちも、これらの秘訣を生かした授業を受けているはずです。

それは大きく分けると、以下の四点です。

チキンライスからオムライスへ「拡張」させる――秘訣①

最初の秘訣は、単純な文型から複雑な文型への変化、つまり「拡張させること」です。「拡張させる」とは、すでに見てきたように、ある文型に何か別の要素を加えて、新たな文型にすることとです。

チキンライスを薄いオムレツで包めばオムライスになり、さらにその上にカレーをかければオムカレーになるようなものです。

教え手がこの喩《たと》えにおけるオムレツやカレーを美味《うま》く、いや巧《うま》く示せば、学習者の興味を引くことが可能です。

たとえばある授業で「わたしはリンゴを買いました」のような動詞文の過去形について学習者が理解し、言えるようになったとします。すると次の授業では、教え手は復習としてその文を聞かせたあと、紙袋を一つ取り出し、学習者にそれを示します。いったい何だろうか、と見つめる学習者の前で、教え手は袋からリンゴを二つ取り出し、ゆっくりと聞かせます。

わたしは、リンゴを、二つ、買いました。

すると学習者は前の授業でやった文を知識の足場として、そこに「二つ」という語が加わったことを知り、それがリンゴの数であることを推測し、同時に日本語の助数詞とその語順という文法事項を知ることができます。

耳を使う——秘訣②

第二の秘訣は「耳の利用」にあります。

外国語の教育では、教え手はその言語の音声を、必ず学習者に聞かせます。しかし、やみくもに音を聞いていればその音に慣れ、いずれはわかるようになる、という考えは、正しいとは言えません。ここで言う「耳の利用」とは、新しいことがらを黒板に書いて示す前に、それをじっくりと聞かせ、耳を使って学んでもらう、ということです。

第一の秘訣であげた「リンゴを二つ」を、思い出してください。

先生が紙袋からリンゴを二つ取り出す前に、学習者は「わたしはリンゴを買いました」の部分を聞いており、すでに知っています。「二つ」という語だけが、未知です。

わたしは、リンゴを、二つ、買いました。

このわずかな部分、しかし重要な部分の音を耳で追うことに、学習者は「ここは何だろうか、あと少しでわかるのに」と必死に集中し、文字通り、耳を傾けます。

クロスワードパズルでも夏休みの工作でも、私たちは「あと少しでわかる、できる」と思うとき、もっとも集中するものです。仮に耳で聞かせるより先に、先生が黒板に「名詞の後には数量＋助数詞を置く」などと説明を書いてしまったら、どうでしょうか。

この**「耳で追い込む快感」**は、消えてしまいますね。

この秘訣を実践するには、極言すれば黒板は不要です。

話しことばを理解するための基本の器官、つまり耳をフル活用して、文法を学んでもらうのです。

リアリティにこだわる――秘訣③

第三の秘訣は「**リアルさの追求**」です。

さきほど、「死んだ文」について書きましたが、日本語教師の多くは、ある文型について、普通の日本人であればこの文型にはどの単語が入ることがもっとも多いだろうか、どの状況でもっとも口にしそうだろうか、と考えています。

目の前の本を示して「これはペンですか？」と訊くのは、けっしてよい授業とは言えません。けれども、ちょっと工夫すれば、もっとも単純な「N1は　N2です」という文型でも、そこから自然な状況を作り出すことはできます。

たとえば、日本で学ぶ外国人の多くは、いま自分の国では何時かを常に意識しています。ですから教え手が教室の時計を見て「東京は今、二時ですね。ラオスは今、何時ですか」と訊けば、ラオス人の学習者であれば「ラオス（N1）は、十二時（N2）です」と、この文型を用いて、私たちが日常で使いそうな自然な文を答えることができます。

この秘訣を実践するためには、文型とそれが用いられる状況や場面をうまく結び付けることがキーとなります。

あるとき、条件を示す文型「～たら」の練習で、早稲田大学の川口義一先生が学習者の前でゼンマイの車を動かし、

「これが止まったら、手をあげてください」

と言ったことがあります。学習者たちは車が止まるまで、それを食い入るように見つめていましたが、その光景を目にしたときは、本物とはコレだ！　と膝を打って感心したものです。

「日本語で言いたい」気持ちを大切に――秘訣④

最後の、そしてもっとも重要な秘訣は「文を使って話す試み」です。

皆さんは中学校で英語を初めて習ったとき、英和辞典と和英辞典のどちらを先に買いましたか？

間違いなく、英和が先だったと思います。

ところが、アメリカやオーストラリアの高校で日本語を習う生徒の多くは、先に和英辞典ではなく、英和辞典を買うのです。つまり、「～を日本語で言いたいけど、何て言うの

「〜たことがあります」の文型を使ったビンゴゲーム（『日本語コミュニケーションゲーム80 改訂新版』）

かな」と、習ったばかりの日本語を使って「自分から話しかけよう」という態度なのです。言い換えれば、外国語の学習で、情報の「発信」という意識が、「受信」よりも先に来るのです。

これらの態度に応えようと、授業では、学習者を教え手から知識をもらうだけの受け手にしません。教え手は文型から作られる新しい文を学習者に投げかけ、それを使って話してもらおうとします。もちろん学習者も、それをどんどん用いようとします。

ただし、ある文型について漫然と「何か話しなさい」と言っても、学習者は何を話していいか、わかりません。そこで教え手は、学習者が話せるような場面を作り、**学習者がその文法事項でコミュニケーションを取らなければならない状況を創りだしていきます。**このような試みは「教室活動」あるいは「アクティビティ」と呼ばれています。

その例をあげましょう。

前ページの図は、「～たことがあります」という文型で用いるプリントです（『日本語コミュニケーションゲーム80 改訂新版』CAGの会編 The Japan Times）。

学習者はクラスの一人一人に絵が示すように「相撲を見たことがありますか」「お寿司を食べたことがありますか」などと質問していきます。聞いた相手がしたことがある場合、名前を絵の下に書きこんでもらいます。これは実はビンゴゲームになっていて、タテ・ヨコ・斜めのいずれかが一列埋まったら「ビンゴ」です。

　このアクティビティでは、学習者は学習した文型を「使う」ことが求められます。しかもそれは死んだ文の繰り返しではなく、自分の体験を「本当に語る」ことです。つまりこの活動によって、「自分の本当の経験を、いま習っている日本語で話した」という満足感を得ることができるのです。

　次の章ではもう少し深いところまで文法を掘り下げて、それが私たちの普通の会話や発想にどのように関わっているのか、考えていきましょう。

第5章　日本語表現のゆたかさを考える

「山田選手はかなり練習させられていたらしいよ」

日本語は最後まで聞かないとわからない、とよく言われます。

誰かと話していて、相手にいきなり「君はダメだ」と告げれば、その人は怒ってつかみかかってくるかもしれません。

それを制して「とは、言わなかった」と言えば、なぁんだそうか、と矛《ほこ》を収めるでしょう。けれど、さらに続けて「わけじゃないよ」と言い切れば、再びその人は拳《こぶし》を握り固めるはずです。

誰か・何かが「どうした・どんなだ」に相当する部分を「述語」といいます。

日本語は英語や中国語と違って、述語が最後に来ることばです。そこにさまざまに要素が加わると、述語は長くなります。ですから、たとえば不祥事を起こした企業の広報担当者は、

「起きてはならないことが起きてしまったのではないか、と、このように考えられる次第でございます」

などと述語を長くして、会社や自分自身を当の発言から引き離していき、何となく他人事のように、責任を希薄にしていくのです。

長い述語というのは、分析が面倒です。けれども、日本人が考えても複雑なこの部分にこそ、日本語を使う私たちの発想や表現のゆたかさが隠れています。この章では、例文を用いながら、私たちが無意識に使っている日本語の述語部分を取り出し、もう一度よく観察してみましょう。いわば、「述語パズル」を解くような試みです。

手始めに、次の文を見てください。

そして、以下の質問の答えを考えてください。

山田選手はかなり練習させられていたらしいよ。

①山田さんの件は、今のことですか、過去のことですか？

⬇答えは「過去のこと」です。文中の「させられていた」における「た」が、この件が過去のことであることを示しています。

②山田さんは練習したかったのですか？

⬇答えは「いいえ」です。「〜せる」とは、相手が望まない事態を押しつけるか、相手に許可を与えるかですが、それが「られる」と受け身になると、山田さんは練習をしたくはなかったことがわかります。

③この件は一過性のことですか、継続していたことですか？

⬇答えは「継続していたこと」です。文中の「ていた」に注目してください。一過性なら「練習させられた」ですが、「てい」が付くと、それが何日も続いていたような意味になります。たとえば、この部分を読んでいる皆さんは、読む動作を今、継続しているといえますね。

④この文の話し手は、山田さんの件を確実なものだと考えていますか？

⬇答えは「いいえ」です。「～らしい」は、その人が直接に見聞きしたことではなく、誰かがそう言っていた、そのように聞いた、という不確かな伝聞を示すときの表現ですから、断言しているわけではありません。

ざっとみても、述語の部分には、時を示す言い方、相手との関係を示す言い方、動作の継続に関する事項、さらに話し手の心の態度などが入り込んでいます。
次の項からは、それぞれの部分をより深く掘り下げていきましょう。

「いつのことについて」話しているのか——テンスをめぐる問題

まず、ある文の中で、

・いつのことについて言っているのか

に関する文法形式を考えます。

これを**「テンス**（時制）**」**と呼びます。言い換えれば、テンスとは、ある文の内容と、それが話されている時間との関係のことです。

学校で勉強した英文法では「十二時制」と呼んで、時制を現在進行形や過去完了形などに分類していますが、これは「テンス」と、後で述べる「アスペクト」を一緒にしたものです。

通常、テンスと言うのは、今のこと（現在）・前のこと（過去）・これからのこと（未来）の三つです。

日本語は、第1章でも述べたとおり、英語などと異なり、ものが単数なのか複数あるのかを、必ず示す必要はありません。またフランス語などのように、ものに性別を与えてそれを示す必要もありません。しかし、日本語ではテンスは普通、動詞で示します。

そんなの当たり前じゃないか、と思うかもしれません。しかし、世界の言語の中には、動詞でテンスを示さない言語がいくらでもあります。

インドネシア語の例をあげましょう。

Aku（私は） **pergi**（行きました） **belanja**（買い物に） **kemarin**（昨日）.
Aku（私は） **pergi**（行きます） **belanja**（買い物に） **besok**（明日）.

このようにインドネシア語では、「ケマリン」（昨日）や「ベソク」（明日）のような時を示す単語を文に付ければ、動詞の形は変えずに、テンスを示すことが可能です。これは、インドネシアの人たちが時の推移を意識しないということではなく、文法の形式として示さない、という意味です。

日本人である私たちも、たとえば名詞の単数・複数に関して、名詞の語尾にｓをつける、といった文法形式で表さなくても、目の前に物がいくつあるかはちゃんと把握していますね。つまり、**「世界の切り取り方」が言語によって少しずつ異なる**ということなのです。

「た」はいつでも過去形？

日本語ではテンスをどうやって示すのでしょうか。

それを知るためには、動詞を、

・動作を示す動詞（例「食べる」）
・主に状態を示す動詞（例「いる」）

に分けてみましょう。

動作のグループと状態のグループ、二つのグループの相違は、「そのままの形でどんな時制を示すか」にあります。動作を示す動詞は、

「このクッキーは明日食べる」

のように、**元の形で未来のこと**を示します。一方、状態を示す動詞は、

「今、ここに三万円ある」

のように、**元の形で現在のこと**を示します。

動作を示す動詞が、現在のことを示すためには、

「いま食べている」

のように、「食べる」をテ形「食べて」に変え、それにプラスして「いる」の助けを借りなければなりません。

逆に、状態を示す動詞は、今のことでも「いている」などとは言えないし、「もうすぐ、ここに三万円ある」のように、未来を示すことばと一緒に使うことも、ほとんどできません。

一方、過去形はどちらも共通です。いずれも「食べた」「あった」のように「た」を付ければ、過去を示すことができます。

では日本語では、「た」はもっぱら「過去形を示すしるし」であって、「た」を付ければすべて過去形、とみなせるのでしょうか？

実は、そうではないのです。

「た」は単純な形ですが、複雑な成り立ちをしています。日本語における時制の研究とは、結局「た」の解明である、と言い切ってよいほど、難しいのです。

たとえば、左の文の（　）の中に、動詞を入れてみてください。

①午前七時の家族の会話
母「昨日、夜中に何か食べた？」
息子「いや、（　Ａ　）」

②午後一時の同僚どうしの会話
田中「もう昼ごはん、食べた？」
鈴木「いや、まだ（　Ｂ　）」

Aの（　）に入るのは「食べなかった」ですが、Bの（　）には「食べなかった」ではなく、「食べてない」が入るでしょう。同じ「食べた？」という質問なのに、違う打ち消しの形の答えがあります。つまり、それぞれの質問「食べた？」は、形こそ同じですが、意味は異なるのです。

①は、この母親は、夜食を食べたか、と前の晩のことを聞いていますから、この「た」は、テンスを示します。朝の七時といえば、「昨夜」からかなり時間がたっていますから、

この親子にとっては夜食という話題は「もうすんだこと」です。

では、②はどうでしょうか。

この会話で田中さんは、①の母親と同じように、昼食を食べたか、と聞いていますが、これは厳密には、

「昼食を食べて今に至るか」

という意味です。つまり、訊いた田中さんにとっては、

「昼ごはんがまだなら一緒に食べに行こう」

とか、訊かれた鈴木さんにとっては、

「昼ごはんはまだだから空腹だ」

といった、現在の気持ちや事柄が関わってきます。

つまり、午後一時における仕事場での昼ごはんとは、①のように「すんだこと」として放っておけない、「今」に関わる話題なのです。この②のような「た」は過去のテンスではなく、「完了」の意味を示します（これを「アスペクト」と呼びますが、後で述べます）。

「完了」と聞くと、何だか「任務完了！」のように終わったことを示すから過去じゃないのか、と思うかもしれません。でも、ある動作が完了しているかどうかは、必ずしも過去

に限った話ではないのです。

次の③を読んでください。

③同期入社どうしの電話の会話
東京の田中「本社の人事は、明日そっちに着いたら教えるよ」
札幌の山田「こっちに着いたときじゃ、遅いよ。今すぐ教えてよ」

二人とも「明日」という未来のことを話していますが、完了の「た」を使っていますね。つまり、完了の「た」は、過去という時制に縛られずに、用いることができるのです。

これで、「た」には少なくとも「過去」「完了」、二つの用法があることがわかりました。

少なくとも？

そうです。

では次の「た」は、過去と完了、いったいどちらなのでしょうか。

④同僚どうしの会話

田中「このファイル、鈴木さんのじゃない？」

鈴木「ああ、あった！」

ここでは、今、目の前にファイルが存在しているのに、「た」を用いています。

これは主として、「何かを発見したとき」に用いるのですが、日本語を勉強する外国人には、ことのほか難しいようです。言語学では、上記の例や、

「そういえば次の時間は数学のテストだった」

「おーい、そこ危ないから、どいたどいた！」

などの文における「た」は、ムードというカテゴリーで呼んでいます（これについても後述します）。

つまり、「た」はテンス、アスペクト、ムードという三つの文法カテゴリーに関わっていることになります。

「重ね合わせ」の「た」

しかし、僕などは外国人にこの用法を教えるときは、ムードといった文法の専門用語を使うよりも**「重ね合わせ」の「た」**というキーワードを用います。心の中で予期・期待していたことと、現実の事態が同じになった、つまり心の中での想像と現実の事態が重ね合わさったときに「た」を用いる、という説明です。

たとえば④では、鈴木さんは紛失したファイルのことが気にかかっており、ファイルが見つかるといいなあ、と期待していたと想像できます。そんなときに田中さんがファイルを見つけてくれたので、「重ね合わせ」が生じた、と解釈できます。「次の時間は数学のテストだった」であれば、間もなくテストだ、という事態と、聞いてはいたものの忘れていた過去の記憶が重なった、と考えられます。

私たちはひいきのスポーツチームが大逆転で優勝したとき、

「やった！」

と口にします。これもまた、そうあればいいな、という期待と、現実の勝利との重ね合わせから解釈できます。

逆に、あまり評価していなかった人が意外な活躍をみせたりする場合には、

「あの人、結構やるな」

と言い、「やったな」とは言いません。この場合は同じ眼前の事態を示されても、心にその人の活躍に関する予測や期待がなかったため、重ね合わせが生じなかった、と考えられます。

例外として、たとえば、よく釣れそうな漁場に入って水面を眺めて次のようにつぶやく場合などがあります。

「おっ、(魚が)いるいる」

このように、その場のありようをふまえた動作(この場合はそこで魚を釣ること)が続きそうなときは「た」を必ずしも用いない場合もありますが、通常の場合、この「重ね合わせ」の「た」というキーワードは十分に理解を促します。

「重ね合わせ」は、文法研究における「確述」の用法の一部を言い換えた、学習者の役に立つキーワードです。日本語の学習者に対して、文法形式への気づきを与えるための試みと考えていただければよいでしょう。

次は、テンスと同様に、時を示す文法形式である「アスペクト」について考えます。

動きを追ってことばにする――アスペクト

テレビやラジオの実況では、アナウンサーは画面の動きを逐一、視聴者に伝えています。以前、テレビ番組で、アメリカ人のマジシャンが万里の長城の壁をすり抜けて反対側に出て行く、という場面が放送されたとき、アナウンサーはこんなことを言っていました。

「さあ今、ついに彼のからだは、本当に分厚い壁の中に入ろうとしています……おおっ、体が入り始めました。今、徐々に入っていきます……ついに彼は、壁の中に入ってしまいました！」

人間が本当に壁に入れるかどうかはともかく、この一連の動作に、ある「段階」があることは確かでしょう。これから壁に入ろうとする段階、壁に入り始めた段階、そして壁に入り終えた段階などです。

人や動物の動作の中には、一瞬で終わってしまうものと、このように段階を経て徐々に進むものがあります。「アスペクト」とは、いつの話かということとは関係なく、

・ある動作や出来事が、どの局面にあるのか

についての文法形式です。言語学では「相」ともいいます。

テンスもアスペクトも、時間に関わることです。

テンスは話し手・聞き手にとって、文の内容がいつか、という、時間軸のあるポイント、いわば「点」を示すのに対して、アスペクトは一連の動作や出来事がどのあたりにあるのか、という時間を線に見立てた中での「局面」や「段階」を示します。テンスは点ス、アスペクトはア線ペクトなどというと駄洒落になってしまいますが、まずはその相違を理解しておきましょう。

アスペクトは、次の三つに大きく分けられます。

①出来事が始まっている局面
②出来事が進行中である局面
③出来事の終わりに関わる局面

これを示すためには、日本語では動詞の後に補助的な動詞を付けるか、名詞を付けるかして示します。

たとえば、動詞「食べる」の後に「始める」という補助的な動詞を付ければ、「食べ始める」と、食べる動作の始まりを示すことができます。また、同じ動詞の後に「ところ」という名詞を付ければ、「食べるところだ」となって、これから食べるという動作の直前を示すことができます。

では復習を兼ねて、質問です。

日本語の語順ではテンスとアスペクト、どちらが先に来るのでしょうか？

答えはアスペクトが先、テンスが後です。右の「食べ始める」だと「始める」がアスペクトで、これを過去形にすると「食べ始めた」ですから、図にすれば左のようになります。

食べ	＋	始め	＋	た
元の動詞		アスペクト		テンス

だんだんと、述語部分の分析がわかってきたでしょう。

②の進行中の局面は次項にまわして、次に、出来事の終わりに関わるアスペクト表現を考えましょう。

補助の動詞を使うのであれば「食べ終わる」や「食べ終える」、名詞を使うのであれば「食べたところだ」「食べたばかりだ」などがあります。不思議なことに終わりの局面では「終わる」「終える」と両方の補助の動詞が使えるのに、始まりの局面では「食べ始める」

は言えても、「食べ始まる」とは言えません。私たちは無意識に使っていますが、外国人の学習者にとって、このように理詰めでいかない例外は、戸惑ってしまうものです。

また、「食べたところだ」「食べたばかりだ」のように似た表現の使い分けも、よく質問されるところです。

この違い、読者の皆さんは、どう説明しますか？

たとえば、次の文の（　）の中に「ところ」「ばかり」のどちらかを入れてみてください。

⑤今、昼食を食べた（　）だから動きたくない。
⑥今、昼食を食べた（　）なので、これからすぐ伺います。

どちらを入れても意味は通じますが、⑤は「ばかり」、⑥は「ところ」を入れたほうが、おさまりがよいようです。

「食べたばかり」というのは、食べたという動作の直後で、先の動作に続かない印象がありますが、一方、「食べたところ」は、食べて一区切りついたので、次の動作や行動に続けていこう、という意思が感じられます。

「ている全部入りストーリー」で考える

さて、アスペクトでもっとも難しく、かつ学習者にとってわかりにくいのは、出来事が進行中の局面です。進行中のアスペクトは普通、「生徒たちは今、給食を食べている」のように、「ている」という補助の動詞を使って示されます。

難しいことなど何もないようですが、実は「ている」は「た」と同じで、たくさんの意味を持っているのです。

左の文章は、僕が作った「ている全部入り」のストーリーです。これを読みながら考えてください。

五年二組の子供たちが、コミュニティルームで給食を食べている①。子供たちはいつもここで給食を食べている②。教室より窓が広いし、海も見えるから気持ちがいい。

そこへ先生が入ってきた。先生は窓を見るなり「窓が開いている③ぞ！　開けたの

は誰だ!」と大声で言った。校則で、窓は開けないように命じられている④。
子供たちは黙って開けっ放しの窓に目をやった。
そこからは、暗い沖に向かって、岬が突き出ている⑤のが見えた。

①の「ている」は、すでに述べた、現在進行中の動作を示すものです。英語であれば、be + -ing の現在進行形にあたるものです。

②は①と似ていますが、これは、目の前で進行中の食事について述べているのではなく、生徒が習慣として、この部屋で食事をしている、という意味ですね。これは進行中のアスペクトとは異なる「ている」の使い方です。

では、③はどうでしょうか。

窓を開ける動作は、まばたきのように一瞬ではありませんがすぐに終わる動作ですから、③も進行を示すわけではありません。これは誰かが窓を開けたか、または風か何かで窓が勝手に開いたか、いずれにせよその「結果」として、こうなっているということです。難しく言うと、**「結果の残存」**を示すアスペクトです。

これは、その場の状況で決まることもあります。たとえば「彼女は着物を着ている」という文では、もし着付けの最中であれば進行中の「ている」を示しますし、着付けを終えた彼女がそこにいる場合には、結果の残存を示します。

やっかいなのは④です。

これは話の中で、以前に窓を開けるな、と命じられていて、その結果として今に至るのですから、③に似ています。ただし、「これまでにこうだった」という意味合いが強いので、経歴や経験を示す「ている」とでも考えればよいでしょう。同様の例としては、たとえば「ディズニーランドには二回行っている」の「ている」がそうです。

そしてもっとも興味深いものは、⑤の「ている」です。

給食を食べたり、窓を開けたりするのは、人間の動作です。しかし、岬が沖に突き出ている場合、それは誰かが沖へ岬を押しやっているわけではありませんし、岬そのものが何か意志を持って突き出た結果でもありません。

これはこの話を読んだ読者の、いわば**「心の視点」**が、教室から岬へと動いていき、その経過や結果を述べたものです。動いているのは岬ではなく、読者、つまり皆さんの内側の視点です。「壁に亀裂が走っている」なども、同じ例です。

つまり、私たちは実際には存在しない動きでさえ、心でそうとらえれば、それをことばにできるのです。⑤を読むとき、私たちは自分たちの視点でこの短いストーリーに入り込み、窓から外へ、そして陸から沖へ伸びる岬へ、という位置関係をとらえています。

このように進行中のアスペクトは「ている」を付けて示すことができますが、実際の「ている」は、進行以外にも用法が多岐にわたります。

「た」の使い方と同じように、一つの語や形が複数の意味を持っている場合、学習者は混乱しやすいものです。母語話者である私たちも、外国人に教えるのであれば、このようにきちんと整理・明示して教えなければなりません。日本人なんだから日本語くらい教えられる、というのは、かなりの誤解です。

テンスとアスペクトの基礎的な知識は、これで身につきました。

次は、出来事や動作を「誰の立場から表現するか」に関して、考えていきます。

誰を中心の文にする？——ボイスをめぐって

給食中の教室から離れて、元の文「山田選手はかなり練習させられていたらしいよ」に戻りましょう。テンスとアスペクトの知識を使って述語の部分を分析すると、「ていた」が「てい（進行中の局面＝アスペクト）＋た（過去＝テンス）」であることがわかります。

次に、その前の「させ」「られ」を考えます。
まず、そのうちの一つ「られ」を使って、短い文を作ってみましょう。
たとえば、こんな感じでしょうか。

⑦鮭が熊に食べられた。

動詞のところに「られ」を付けると、何となく、文の意味や流れが素直ではなくなる気がします。この文だと、食べた熊よりも食べられた鮭のほうが、文の中心になっているようですね。そこで熊を中心にして、この文を組み立てなおすと、こうなります。

⑧熊が鮭を食べた。

これだと確かに素直です。

鮭をくわえた熊

でも実は⑦も⑧も、前ページの写真のような情景を、別の角度から表現しただけです。文が述べている内容は、どちらも同じなのです。

このように、**「表現された出来事を、誰の立場から見るか」**によって区別する文法形式を、「態」といいます(「熊」じゃないですよ)。

英文法で「受動態」「能動態」とか「受け身」ということばを習ったことを思い出すかもしれません。「態」は、それの日本語版に、ほぼ対応します。

ただし、日本語の態は能動態・受動態だけではないので、日本語学では通常、「態」ではなく、これを**「ボイス(voice)」**と言います。

ボイスというのはもともと「声」の意味ですが、「声の音調(声音)を変えると違う意味を伝えられること」が、「見方の違いによる異なる言語形式」という意味に転じたと考えられます。

ここからは、日本語のボイスとして、受け身の形、「させる」のような使役の形、そしてそれらを合わせた使役+受け身の形について、考えてみましょう。

非情の受け身

初めは、中学校の英語でも習った受動態、つまり「受け身」です。右の⑦では、元の⑧「熊が鮭を」を、鮭を主語にして「鮭が熊に」に変え、さらに動詞を「食べられた」という、受け身専用の形にしています。

ただし、このように「N1がN2に何か働きかけられた」という文は、受け身の形として標準的であるものの、使われる頻度がもっとも高い文型ではありません。

実はもっとも使われ、私たちが見聞きする受け身は、**「非情の受け身」**というものです。

非情、と聞くと何となく、

「残忍かつ冷酷な熊に、哀れな鮭は襲われた」

などという文を想像してしまいますが、違います。

非情の受け身とは、出来事を中心にすえた受け身です。たとえば次のような文です。

北京五輪は二〇〇八年に開催された。

このような例文は、感情を持つ、つまり有情である人間が出てこないので、非情と呼ぶのです。これは近世までの日本語にはほとんど見られない明治以降の産物であり、今ではそれと意識されないものの、明らかに翻訳調の文型です。

自動詞の受け身もある

受け身におけるルールは右の通りですが、もう一つ、日本語の受け身には、大きな特徴があります。

それは、他動詞ではなく、**自動詞の受け身がある**、ということです。

初めに、他動詞・自動詞ということばの意味を整理しましょう。

他動詞というのは、動詞が「動作をする人・物（～が）」および「動作が及ぶ対象（～を）」の両方を、文に組み入れたものです。たとえば「消す」は、「山田さんが火を消した」のように、動作の主体である「山田さんが」と、山田さんが働きかけた「火を」の両方を持ちますから、他動詞です。

自動詞はそれ以外のものです。たとえば「火が消える」は、「火が」だけしか含まないので、自動詞になります。

日本語では「（～を）切る―」「（～が）切れる」のように他動詞と自動詞は音や形のうえで関連を持つものが多く、外国人の学習者は初級の後半あたりから「開ける―開く」

「付ける—付く」のように、他動詞—自動詞のペアをいくつも覚えます。

さて、受け身というボイスは通常、⑧「熊が鮭を食べた」のように、

・動作の主体（例　熊が）

・その対象（例　鮭を）

の両方がないと、成立しません。つまり原理的には、自動詞では、受け身の文が作れないはずなのです。

迷惑なのか、ありがたいのか

ところが私たちは自動詞の文、たとえば「雨が降った」を、「雨に降られた」と受け身にします。左の例も見てください。

⑨後輩が来た。→後輩に来られた。

⑩赤ちゃんが泣いた。→赤ちゃんに泣かれた。

これらの例には、ある共通のニュアンスがあります。それは「このような事態によっ

て、**話し手が何か迷惑をこうむった**」というニュアンスです。

⑨はこの忙しいときに暇な後輩に来られて困った、また⑩は、せっかく笑いかけてあげたのに赤ちゃんが泣いて裏目に出た、というように、自分が困ったという文脈が想像できますね。

また、自動詞の受け身でなくても、日本語の受け身には、次の例が示すように、迷惑を受けたことを示すものが少なくありません。

⑪ウェブサイトに自分の写真を載せられた。

⑫彼女に窓を開けられた。

これは日本語が、ある出来事に加えて、それが「自分からどう見えたか」という関わりを表現しようとする性格を強く持つためです。ですから日本語では、受け身というボイスは、英語のように「誰が中心かという見方を変えて文にした」だけではない、それ以上のニュアンスを感じさせます。

ですから、右の⑪や⑫の内容で、自分にとってそれが迷惑ではなく、むしろ恩恵であった、という意味合いを出したい場合には、左のように、別の形を使います。日本語ではこのように、ある出来事が誰かにとって迷惑なのか恩恵なのか、という感情の按配《あんばい》を示す言い方が洗練されています。

⑪' ウェブサイトに自分の写真を載せてもらった。

⑫' 彼女が窓を開けてくれた。

パワーを持っているのは誰か——使役

続いて、「行く→行かせる」の形のようなボイス、使役を考えます。

使役には、受け身のように、主体者が対象に、あるいは対象が主体者に、という視点の転換はありません。そのかわり、**誰かの動作や行動に対して、誰がパワーを持つか**、という視点で考えます。

たとえば、「子供がニンジンを食べる」という動作に対して、何らかの命令権やパワーを持つ母親が登場すると、

⑬**母親は子供にニンジンを食べさせた。**

という文ができます。

ただしこの「パワー」は、文脈によってさまざまに解釈できます。

⑬は、ニンジン嫌いの子供に対して、お母さんがそれを食べるように「**強制**」したのかもしれませんし、逆にニンジンなしでは一日も過ごせない、という子馬のような子供に対して、お母さんがどうぞ、好きなだけ食べなさい、とニンジンを食べることを「**許可**」したのかもしれません。

この区別として、「子供を行かせた」「子供に行かせた」のように、「～を」を取る方が強制力を持つ、という説明をしている本もあります。しかしこれも実際は文脈次第でずいぶん変わってくるものです。

なお、使役の中には「冗談を言って友達を笑わせる」のように、強制とも許可とも違う用法を持つものも少なくありません。これも用法は違いますが、笑わせるパワーがあるのは誰か、という観点から、使役の形を取る必然性が窺《うかが》えます。

「行かせられる」と「行かされる」

さて、受け身と使役という二つのボイスがいっしょに使われると、「使役の受け身」ができます。たとえば、山田選手の文のような「練習を＋させ（使役）＋られる（受け身）」という形です。

ここでちょっと、外国人の日本語学習者と同じように、形の練習をしてみましょう。たとえば「食べる」を「食べさせられる」に変えるように、「行く」「来る」を使役の受け身にしてみてください。

「行く」のほうを「行かされる」とした方は多いと思います。

これは間違いではありません。でも、もともとの形は、実は「行かせられる」です。「行く」は使役にすると「行かせる」ですから、ここに「られ」が付けば「行かせ＋られる」ですね。「行かされる」というのは、話しことばの中でそれがなまった形です。たとえば、「来る」は「来させる」になり、「られ」を付けた使役の受け身は「来させられる」になりますが、これがなまって「来さされる」にはなりません。

もちろん、使役の受け身は、日本人ですらさほど頻繁に使う形ではないので、「行かさせられる」のような間違いをしてしまうのはやむを得ないところもあります。

たとえば「味わう」の使役＋受け身も本来の音を追っていけば「味わわされる」ですが、なまった音の「味あわされる」のほうが、表記はともかく、音としては通りがよいくらいです。このあたりは客観的に日本語を学んだ外国人のほうが、日本人よりも、正確に使える場合があります。

さて使役の受け身では、１８４ページで述べた「強制」「許可」の意味のうち、「許可」の意味はなくなり、すべて「強制」の意味になります。「子供は母親に掃除をさせられました」という文からは、子供が掃除をしたがった、というニュアンスは感じられませんね。

僕は以前、オーストラリア人の小学校教師の日本語研修を担当したことがあります。そのときに使役の受け身の復習として、

「子供の頃、何をさせられましたか」

と聞いたところ、いくつもおもしろい答えが出てきました。

「芽キャベツを食べさせられました」

「羊の世話をさせられました」

「マジックワードを言わせられました」

などです。このマジックワード（魔法の言葉）とは、please（お願いします）のことだそうですが、同じ形式のことばを話す場合でも、話の内容には固有の文化やお国柄が出ることに感心しました。

ここまでに見てきたテンス・アスペクトとボイスの語順の関係を考えてみましょう。もう、大丈夫でしょう。次のようにボイス→アスペクト→テンスの順になりますね。

食べ	＋	させ	＋	られ	＋	てい	＋	た
元の動詞		ボイス使役		ボイス受け身		アスペクト		テンス

さて、複雑な述語の世界も、いよいよ残りは、「山田選手はかなり練習させられていたらしいよ」の「らしいよ」を残すだけです。

「らしいよ」とは、いったいどんな文法形式なのでしょうか。……難しそうだけど、けっこうおもしろいらしいよ。

自分のムードは自分の気分

文法について最初に取り上げた文は「これはペンです」でしたね。「これはペンです」は、シンプルに事実だけを述べた文です。けれども現実の世界で、私たちはこのように事柄だけを伝え合っているのではありません。つねに価値判断を加えたり、推測をしたりしています。

たとえば、かなり厚手の封筒に、ペンくらいの長さ・太さのものが密封されているとしたら、それをさわった人たちは何と言うでしょうか。中身がペンかどうかはわかりませんから「これはペンです」とは言い切れませんね。

「これはペンみたいだ」

「これはペンじゃないかな」

「これはペンに決まっているよ」

など、人によって言い方はさまざまでしょう。このように「**単なる事柄を表す以外の話し手の気持ちのありよう**」について述べる文法形式のことを、「**ムード**」といいます。

ムードということばは、外来語として日本語にもなっています。甘いムード、ムードが高まる、ムード歌謡など、「雰囲気」という意味合いで使われています。

英語の mood にも、こういう使い方はあります。しかしここで大切なのは、ムードを決定するのは場に存在する事物ではなく、私たちの気持ちだということです。

たとえば見晴らしのよい岬の突端に立ち、夕陽が少しずつ沈んでいくのを眺めていると、沖を横切る客船から汽笛の音が響き、数羽のカモメが翔《と》び去ってゆく……この光景はロマンチックなムードに満ちているかもしれませんが、夕陽なり汽笛なりは、実は単にそこにあるだけです。ロマンチックかどうかを判断しているのは、私たちの心に他なりません。

日本語のムードと英語のムード

言語の「ムード」も同じように、私たちの心のありようを示す形式です。

言語学ではこの「ムード」を、「法」と呼んでいます。もちろん、法律の意味ではありません。

読者の皆さんは「仮定法」ということばを聞いたことがあるかもしれません。これは、英語の「法」、つまりムードの一つです。英語では、ムードを次の三つに分けています。

・ありのままのことを述べる「直説法」
・現実ではないことの願望などを述べる「仮定法」
・相手にその実現を求める「命令法」
たとえば英語の世界では、算数のテストでひどい点をとっても平然としている子供に対して、

「ウチの子、また二十点しかとれなかった」

とお母さんが事実を述べれば直説法、心の中で、

「この子ももうちょっとがんばれば百点だって夢じゃないのになぁ」

などと、夢のようなことを思えば仮定法、でも遊び呆《ほう》けている子供に業《ごう》を煮やして、

「アンタもちょっとは勉強しなさい！」

と言えば命令法と、三つのムードは心持ちによって、天気のように変わります。

それでは日本語では、話し手の心持ち＝ムードをどのように示すのでしょうか。

一口にムードと言っても、さまざまです。たとえば「卵を食べよう」なら意志を示しますし、「卵を食べてもいい」なら許可、「卵を食べるかもしれない」なら可能性、などと、専門的な分類も試みられています。

日本語のムードの形式は、アスペクトと同様、おもに次の二つのいずれかです。

①動詞の形を変える

②動詞に名詞を付ける

①の動詞の形を変える場合、たとえば「食べよう」は意向形（105ページの表参照）と呼び、「食べてもいい」であれば、テ形（140ページ参照）に「もいい」を付けた形になります。

一方、名詞を付けるというのは、たとえば意志を示すムードの場合、「これからはきちんと働くつもりだ」などと、「働く」という動詞の後に「つもり」という名詞を付けたものなどです。このような動詞の変化や動詞への名詞の付加はいずれも、日本語教育では、文型の一つとして教えられます。

ムードの助っ人

ムードは話者の心のありよう、難しく言えば「主観」や「心的態度」を示すものですから、動詞の部分だけをあれこれ変えてみても、まだ十分ではありません。

そこでムードを示すために、文法だけで手立てを講じるのではなく、語彙の世界からも、助っ人を借りてくることがあります。たとえば、

「あの子の目は（　　）どんぐりのようだ」

と例示を示すムードなら、カッコには「まるで」「あたかも」といったことばが入りますし、

「来年こそは（　　）合格してみせるぞ」

と強い意思を示すムードなら、「きっと」などが用いられます。

また、文末につける「ぞ」「ね」「よ」なども、念押しや確認、意志など、ムードの伝達に大切な役割を果たします。

「おいしそうだ」と「おいしいそうだ」をどう教えるか

日本語のムードには、

「もっとよく考える**もの**だ」

「もっとよく考える**こと**だ」

など、意味が似たものが多く、学習者がとまどうことも少なくありません。しかし、何

といってもムードは話し手の気持ちを示す部分ですから、学習者が間違った使い方をして誤解を持たれないよう、教え手は十分に注意を払わねばなりません。

例として、二つのムードの意味を持つ「そう」の教え方を取り上げましょう。

ムードの「そう」には、次の二種類があります。

・「雨が降りそうだ」のように様子を示すもの

・「雨が降るそうだ」のように伝聞を示すもの

右の例文を比べると、「降り」「降る」と動詞の形が違いますね。

では形容詞ではどうでしょうか。

「この料理はおいしそうだ」

と、「おいしい」から「い」を取れば様子のムード、

「この料理はおいしいそうだ」

と、そのまま使えば、伝聞のムードになります。

日本語教育では、前者を「目のそう」、後者を「耳のそう」と言って教えたりします。

たとえば単純な教え方としては、教師は学習者に向かって「おいしい」と言い、自分の目をさします。これは目で見て判断した「おいしい」を言いなさい、の意図ですので、学

習者は「おいしそうです」と答えます。

答えられたら、教師は今度は自分の耳を示し、学習者が「おいしいそうです」を言うのを待ちます。さらにテンスも変えて「おいしそうでした」「おいしかったそうです」と答える練習をしたりします。

あるいは「目のそう」だけを、集中して練習するケースもあります。

この場合は教え手はさまざまな絵を次々に見せて、学習者に様子を言わせます。

たとえばアイスクリームの絵なら「冷たそうです」「おいしそうです」、遊園地の絵なら「楽しそうです」「おもしろそうです」など、いくつも考えられます。

ただし、白い雪を見て「白そうです」とは言わないように、目で見てすぐに判断がつくものには、このムードは使えません。「きれいそうです」と言われて嬉しくなる人は、あまり「いなさそう」ですね。

さてこれで、述語部分についての文法形式の四つ、テンス・アスペクト・ボイス・ムードについて、すべて紹介しました。

では、この章の最初の文を解析しておきましょう。

山田選手はかなり練習

させ	られ	てい	た	らしい	よ
ボイス	ボイス	アスペクト	テンス	ムード	ムード
(使役)	(受け身)	(進行)	(過去)	(推測)	(判断)

解析、終了です。

改めてすごいと思うのは、私たちが日本語という母語を使い、わずか数秒で、そのことの時制、事態の局面、誰から見た話か、それに対してどう思うかをすべて述べ立てることができ、聞くほうもそれらすべてを瞬時に判断する、という事実です。日本語に限らず、ことばというのは大変な発明だと思えませんか？

ここまで二章にわたって述べてきた文法編では、学習者の視点でやさしい名詞文から入り、「は」「が」の相違や「た」「ている」といったトピックにもふれ、述語の分析まで踏み込んでみました。日本語の学習者が音声、語彙、表記、文法と身につけたら、あとは教室の外に出て、実地経験あるのみです。

最後の章では、これらのことを教えている現場、つまり日本語教育の世界についてお話しします。実際の教え方や授業の準備、そしてどんなトレーニングが必要なのかなどについて、僕自身の体験もふまえて紹介します。

第6章　日本語教育の世界へ

日本語教育の3W1H

これまで私たちは、日本語の音声・表記・語彙・文法について、あたかも外国語の分析をするようにして考えてきました。

この試みによって読者の皆さんは、外国人の日本語学習者が日本語を学ぶように、外からの視線で日本語を考える視点が身についたはずです。僕は「日本語という外国語」という視点を持った皆さんが、外国人の日本語を理解し、この人たちと気持ちよくやりとりができるコミュニケーションの担い手になってくれたら、と思います。

「外国人と日本語でコミュニケーションをする人」と言えば、まず心に浮かぶのは日本語教師です。日本語教師と言っても、謝礼を取らないで教える場合、プロとして仕事をする場合など、その形は多様です。また学習者の背景やクラスの人数、教え方なども一様ではありません。

本章では前章までの復習をしつつ、外国人に日本語を教えることに少しでも興味を持った読者のために、日本語教育とはどのようなものか、どうすれば日本語の教え手になれるのか、そのためにはどんな勉強が必要なのか、具体的に述べていきます。

まず、日本語教育の概略を〈誰が who〉〈誰に whom〉〈何を what〉〈どうやって how〉

の順に見ていきましょう。

誰が教えるのか？：who

近所の人にちょっとした言いまわしを教えたり、友人の宿題を手伝ったりするだけでなく、特定の人に定期的に日本語を教えることになれば、報酬の面はさておき、その仕事は「日本語教師」と呼べます。

日本で小・中・高校の先生になるためには、教職免許が必要ですが、日本語教育では、教職免許は必要ありません。公的資格に近いものとしては**「日本語教育能力検定試験」**の合格がありますが、これも教職免許のような必須の条件ではありません。多くの場所で、多様なバックグラウンドの教師たちが、外国語として日本語を教えています。

まず、外国語としての日本語の教え手を、「日本人か外国人か」「国内か海外か」という観点から、次ページの表にあげた四つのタイプに分類してみましょう。

Aタイプは、海外で教える日本人の日本語教師です。

外国の大学で日本語学・日本文学などを講じる日本人の研究者や、外国人と結婚して外

Aタイプ	Bタイプ
海外在住の日本人教師	海外在住の外国人教師
Cタイプ	Dタイプ
国内在住の日本人教師	国内在住の外国人教師

日本語教師の4つのタイプ

国に住み、現地の学校で教員をしている人などが、このカテゴリーに入ります。また、海外の政府機関や大学に派遣される「日本語教育派遣専門家」という人たちも、このカテゴリーに属します。

Bタイプは、海外で教える外国人の日本語教師です。外国人の日本語教師がいるのか、と驚くかもしれません。けれども、日本の中学・高校の英語の先生だって、英語を母語とする人たちから見れば「外国人の英語教師」ですから、立場は同じです。海外で日本語を教える教師のほとんどは、マレーシアならマレーシア人、ニュージーランドならニュージーランド人と、その国の国民です。これも、日本の英語教師の事情と同じです。

Cタイプは、日本国内で教える日本人の教師です。読者がイメージする日本語教師のほとんどは、このカテゴリーに入る人でしょう。Dタイプ、つまり日本国内で教える外国人の日本語教師はほとんどいませんので、ここではCタイプに絞って、解説を進めます。

国内の日本語教育機関としては、主として大学・専門学校・日本語学校があり、また地域の日本語ボランティアグループも数多くあります。機関勤めの教員には常勤と非常勤がおり、なかにはボランティアの指導や実践に関わっている方もいます。

なお待遇については、ボランティアの場合、交通費程度の謝礼があるか、あるいはゼロです。プロの場合、機関によってさまざまですが、世界中どこでも、教員の給与というものは、あまり高いものではありません。どこかの機関で専任の教員をしても、一部の私立大学を除いては、公務員レベルを越える待遇は期待できません。

Aタイプであげた、政府派遣の立場で海外で働く「派遣専門家」であれば、現地で心配なく暮らせるだけの給与が支払われているようです。ただし契約が済んで帰国すれば、後は何の保障もありません。

二十年以上この仕事に就いてきた経験から述べると、食べていくことはできるが、一流企業の待遇とは比較にならない、というのが正直なところです。日本語教師の最大の魅力は、経済的な側面よりも、自分の好きなことで食べていける点だと思います。

aタイプ	bタイプ
海外の高等・成人学習者	海外の初等・中等学習者
cタイプ	dタイプ
国内の高等・成人学習者	国内の初等・中等学習者

日本語学習者の4つのタイプ

誰に教えるのか？：whom

次は日本語を習う人、つまり学習者の話です。

こちらについても、上の表のように前項と同じような四つのタイプに分けて考えてみます。ただし、日本人が日本語教育を受けるケースはほとんどないので、ここでは学習者を年齢層で区切って考えます（一般に日本人に対する日本語の教育を「国語教育」、外国人に対する日本語の教育を「日本語教育」と呼びますが、丸谷才一氏のように前者を「日本語教育」と呼ぶ識者もいます。「国語学」が「日本語学」に変わったように、専門的には僕はこの呼称に賛成ですが、本書では混乱を避けるために、従来のままを用います）。

ａタイプは、外国で日本語を学ぶ高等教育機関の学生あるいは成人の学習者です。

このカテゴリーの代表的な存在は、やはり大学生や大学院生です。中国の北京大学、タイのチュラロンコーン大学、エジプトのカイロ大学など、各国のトップレベルの大学にはたいてい日本語や日本学の専攻があり、高い教育・研究レベルを誇っています。

続くbタイプは、海外の小学校・中学校・高校で日本語を学ぶ生徒たちです。

この学習者たちは、日本の学校で英語を学ぶ日本人の生徒たちに相当する存在です。特にオーストラリアでは初等・中等教育段階での日本語教育がたいへんさかんです。同国では学習者の九割にあたる三十五万人以上が、この段階で日本語を学んでいます。

cタイプは、学習者と聞いて読者がぱっと思い出しそうな人たち、つまり日本国内で日本語を学ぶ学生や成人です。

学生とは留学生や日本語学校などで学ぶ就学生であり、成人であれば日本に仕事で来ているビジネスマンや、長期に定住する人たち、あるいはその家族などが代表的な存在です。

最後のdタイプには、インターナショナルスクールで学ぶ子供たちや、日本の学校で学ぶ外国人の子供たちが入ります。

なかには、国語の授業を受けるだけの日本語力がない子供たちもいます。この場合、学校はその子たちに対して、クラスとは別に指導を行う、いわゆる「取り出し授業」の形式で日本語を教えています。

なお海外の日本語学習者の多くは韓国人と台湾を含む中国人ですが、国内では学習者の国籍や背景が多様化しています。一つのクラスにさまざまな国籍の外国人が学んでいることはごく普通ですし、なかには七、八ヵ国の国籍の学習者が混在している場合も少なくありません。また、自国でかなり日本語を勉強してから来日する人もいれば、まったく日本語を知らないで来日する人もいます。

留学生や就学生の場合、所属する日本語教育機関で日本語を学ぶ場合がほとんどです。成人の場合は、仕事があるかないかで、学習スタイルはさまざまです。所属する企業に学費を出してもらって個人レッスンを受ける人もいれば、仕事に追われてほとんど日本語を学ぶ機会のない人もいます。

来日する自国人の世話まで引き受けるようなパワフルな人から、農村に嫁いで話し相手もいないような人まで、外国人の人生の数だけ、日本語の学習スタイルがあるといえます。

何を教えるのか？：what

日本語教師が学習者に教えることは、もちろん「日本語」ですが、その学習段階には幅があります。

外国人のための「日本語能力試験」では、受験する学習者のレベルを初級前半修了（4級）、初級修了（3級）、中級修了（2級）、上級（1級）と四段階に分けていましたが、二〇一〇年七月からは、2級と3級の間に新たなレベルが付加され、五段階になります。

ここでは日常の会話なら不自由しないとされる3級レベルの合格のためには、どんな日本語教育が必要になるか、考えてみましょう。

3級合格のためには、三百字程度の漢字と、千五百語ほどの単語を知っている必要があります。

漢字の三百字というのは、本当にわずかです。日本人の子供なら小学二年生の終わりで二百四十字、小三の終わりで四百四十字の漢字を学びますから、3級レベルの漢字力というのは、小三の二学期程度の学習段階にすぎません。

一方、千五百語程度の語彙は基本語ですが意味の範囲は広く、これだけ知っていれば、かなりのことが言えるようになります。また、第4章で述べたとおり、日本語教育の文法では「文型」という概念を用いていますが、3級の文型では、
・許可を求める文型の「～（さ）せてください」

・不必要を示す文型の「〜なくてもかまわない」

さらに

・敬語の「〜てくださる」

などが入っており、こちらは漢字とは逆に、かなりレベルの高いことまで教えます。

つまり日本人の英語学習者とは逆に、外国人の日本語学習者の多くは話したり、聞いたりすることは得意ですが、読み書きのレベルは口頭の能力に追いついていない場合がほとんどです。

学習者が3級のレベルに達するためには、三百時間程度の日本語学習が必要とされています。月曜日から金曜日まで、一日に三時間勉強すれば、理想的には二十週間で、このレベルに達します。集中的な授業が必要とはいえ、うまくいけば正月明けに勉強を始めたとして、ゴールデンウィークすぎにはこのレベルに達することになります。

多くの日本語教育機関では、日本語がまったくできないで来日した学習者に対して「初級日本語」「総合日本語」といったコース名で、このような集中コースを開講しています。僕が勤める東京外国語大学でも、日本語入門レベルの学生は「総合日本語」というコースを履修し、月曜から金曜まで、一日に三時間、基礎的な日本語を学習しています。また、総合的な日本語ではなく、会話や作文、漢字のように、ある技能に限って教える授業もあります。

一方、特定の分野で働くことをめざす専門学校などでは、コースの全体をその特別な目的での日本語教育に限定して、「ビジネス日本語」「観光日本語」といった名前のコースを教える場合があります。

たとえば「ビジネス日本語」の場合には、会話の場面も社内での会議や取引先との交渉など仕事に限ったものが中心になり、漢字や単語も仕事で使えることを目的としたものが多く教えられます。

どうやって教えるのか？：how

まだ日本語教育の現場に足を踏み入れたことのない読者にとって、もっともわかりにくいのが、日本語を教えるといっても、どうやって教えるか、ということでしょう。僕自身も何回か、「英語を使って教えるんですか？」と訊かれたことがあります。

日本語に限らず、外国語を教える方法は、そこで用いることばによって、次の二通りに分かれます。

・**学習することば、たとえば日本語だけを使って教える場合**
・**他の外国語も使って教える場合**

前者の日本語だけで教える方法を「**直接法**」、後者を「**間接法**」といいます。私たちが学校で英語を学んだとき、たいていは間接法でしたから、こちらはイメージがわきやすいですが、直接法は想像がつかないかもしれません。第一、日本語を知らないから習いに来ているのに、これから学ぶ日本語を使って教える、というのは、前提からして奇妙です。

しかし、何とかなるものです。

ここで、ある日本語学校の、一回目の授業をちらっとのぞいてみましょう。

日本語だけを使った授業風景

授業前です。教室には、日本語をまるで知らない多国籍の学生が十六人、座っています。みな違う国から来ているので、ことばが通じず、押し黙ったままです。

チャイムが鳴り、男性の先生が教室に入って来て、教壇に立ちます。

先生は学習者を見渡してから、元気に言います。

「こんにちは！」

初対面の人間が互いにかわすことばは挨拶であり、挨拶では同じことばを言い合うというのは、世界の常識です。そこで学習者もその音をまねて、

「こんにちは」

と返します。まだ上手に発音できませんが、先生は意に介しません。

先生はそうやって二、三回、学習者たちと「こんにちは」のやりとりをした後、教室を歩き回り、一人一人の学生に「こんにちは」と声をかけ、同じ言葉を返させます。さらに手振りを使い、隣に座った学生どうしがペアになって、互いに挨拶をするようにうながします。

ペアになった学生は、互いに「こんにちは」と挨拶をかわします。意味はまだわかりませんが、挨拶をしあえば、それだけで教室は、何となくなごやかになります。

次に先生は、右手で自分の胸を軽く叩きます。そして、

「鈴木。鈴木です」

と、自分の名前を言います。

学生たちは、「すず……」「ずき？」などと口々に言います。

先生は自分の胸を示して「鈴木です」を、何回も繰り返します。

この意味は、わかるのでしょうか。

外国語の最初の授業で、先生が「胸」を意味することばを教えることは、まずありません。学生たちは、先生が自分の名前を言っているらしいことは、推測します。

しかし、まだ本当には、わかりません。

そこで先生は、大人ならば誰もが知っている人物、たとえばバラク・オバマの写真を取り出して学生たちに示し、

「オバマ。オバマです」

と、ゆっくり言います。

これで学生たちは納得します。「すずき」は名前であり、名前の後に「です」を付ければ、何やら自分とか他人の名前を示せるようです。

先生はもう一度、右手で自分の胸を示し「鈴木です」と言ってから、その手のひらをある学生に向けます。

読者がこの学生なら、どうしますか。

今度は自分の名前を言うように促されていることは、わかりますね。

そこで学生たちは、促された順に、

「ジャック、です」

「李です」

などと、答えます。先生は一人ずつに名前を言わせたあと、またペアになるようにジェスチャーで指示をします。

学生たちは隣の席の人と挨拶をし、自分の名前を言い、相手の名前を覚えました。

一時間の授業でできること

ここまでで、ざっと十五分です。

仮にこれで授業が終わり、学生たちが学校の外に出て、誰か日本人に、

「こんにちは、ジャックです！」

と、にこやかに言ったら、どうなるでしょうか。そう、日本人から、

「日本語が上手ですねえ！」

と、賞賛されるわけです。

でも、勉強は残っています。鈴木先生があと四十五分くらい教えると、ジャックをはじ

めとする学生たちは、「鈴木です」の「です」を使って、

「これは新聞です」

と言ったり、

「あれは新聞ですか」

と聞かれて、「はい」「いいえ」と答えたりできるようになります。

そして翌日は、前日の会話の復習をしたあとで、たとえば「あれはペンですか」という文の知識を使って、

「あれは何ですか」

また「これは新聞です」の知識を使って、

「これは日本の新聞です」

など、少しずつ複雑な文を言えるようになっていきます。

ここまで鈴木先生は、ひとことも外国語を使っていません。日本語だけで、日本語を教えています。

直接法というのは別に夢物語などではなく、教室を日本語でいっぱいに満たし、学習者にたくさん日本語を聞かせ、日本語で話をさせるための、効果的な方法なのです。

つまり外国語としての日本語の初級授業とは、学校の国語の授業とは異なるものです。むしろ英会話を教えるように、口頭でのやりとりを中心に日本語を教える場と考えればよいでしょう。

日本語教育に興味を持ったら

もし前項までの授業風景を読んで、おもしろそうだな、ちょっと自分も教えてみたいな、と思ったら、それは日本語教育のキャリアの第一歩です。

どんなに教え方が上手なプロの先生でも、最初は日本語教育っておもしろそうだな、と思ったからこそ、この道に入ったわけです。何事であれ、好奇心や興味を持つことは成功に必要な条件です。

それでは日本語の先生になるためには、どんなことが必要なのでしょうか。

前述したように、日本語教師には実にさまざまなタイプの人たちがいます。

章の初めにそれを四つのカテゴリーに分けて考えましたが、逆にすべてのカテゴリーの共通項、つまり**日本語教師に共通する特性**とは、何でしょうか。それは、次の二つです。

・日本語についての知識があること

・それを教えるための技術があること

読者の皆さんのほとんどは日本語を母語としているでしょうから、日本語を自由に使うことができるでしょう。しかし、教えるとなると、自分が日本語を使うための、普通は意識しない発音やルールを、わかりやすく明示しなければなりません。

日本人だったら誰でもすぐに日本語が教えられる、というわけではありません。教えるのであれば、そのためのトレーニングが必要になります。実際、プロの先生になった後でも何らかの自己研鑽《けんさん》、いわばセルフ・トレーニングを続けている方は、たくさんいます。

ここからは、今までこの本で紹介してきた「日本語という外国語」の知識を、実際に教えることにつなげていきましょう。つまりこれは、自分の知識を日本語教師としての水準に引き上げるための、セルフ・トレーニングです。

表記のセルフ・トレーニング

この本の第2章では、

・日本語表記の難しさ

・かなと漢字の学び方

について概説しました。

外国人に日本語を教えてみたい、と考える方であれば、かなや漢字といった表記は普通に書けるはずです。ですから、改めて書写をしたりする必要はありませんが、それでも表記について勧めたいトレーニングはあります。

一つは、学習者の漢字学習過程を、少しでも自分で体験してみることです。

まず書店に行き、外国人学習者のための漢字教科書を買ってきてください。特別に推薦するものはありませんが、たいへんなので書き込みのためのマス目ばかりが多く並んでいるものは避けましょう。

買ってきたら教科書を開き、鉛筆を持って課の順に漢字を確認し、必要なら手書きで正しく書いてください。あまりおもしろい作業とは言えませんが、外国人の学習を追体験しながら、自分の知識の再確認をすることができます。

知っているつもりの事項でも、学習者のために整理・確認すると、意外なことに気づきます。恥ずかしい話ですが、僕は「肉《にく》」が訓読みではなく音読みであることに、日本語教師になって初めて気づきました。

また、実際に漢字を教える場合、参考書を見ながら教えるわけにはいきません。日本語教師であれば、ある漢字が書けるというだけでなく、教えるべき事項もすべて覚え、必要に応じて適切な順で提示する必要があります。

そのためには、漢字をいろいろなグループに分けて整理してみるのも、トレーニングとして効果があります。

小学校では、ある程度の数の漢字を学んだ子供に対して、先生は部首から漢字を探させます。たとえば、「さんずい」の漢字にはどんなものがあるか、「しんにょう」の漢字を五字探しなさい、といった具合です。これもよいセルフ・トレーニングになりますが、第2章で述べたように、学習者は漢字と音の組み合わせに敏感なので、それを利用するトレーニングも効果があります。

漢字の九割は、音を示す「音符」を持つ形声文字です。たとえば日本語の「語」という字は意味を示す意符が「言（ごんべん）」で、音は「吾」という音符で示されています。つまり、「語」を習えば、学習者は、同様に「悟」も「梧」も「ご」と読めると推測できるでしょう。これと同じ感覚を自分で持ち、提示できるようになることが大切です。

たとえば、「豆」「逗」「頭」はすべて「とう」「ず」と読めますが、同じように、たとえば「せい」で「青」を使っている漢字、「れい」で「令」を用いている漢字などを探してみましょう。もちろん、他の例も数多くあります。

なおセルフ・トレーニングでは、漢字を常に大きさに書くことを心がけてください。教え手である自分にとっての見やすい文字の大きさと、外国人である学習者にとって見やすい文字の大きさは、かなり違います。実際に教室で教える場合は、ちょっと大きすぎるかな、と思って書いて、ちょうどよいくらいです。

語彙のセルフ・トレーニング

日本語教師をめざす場合、語彙のトレーニングはもっとも基本的で、しかも効果があります。

音声や表記のトレーニングはある程度まで行けばやめてもかまいませんが、語彙のトレーニングは、日本語教師をしている限り、必ずついて回ります。いわば、ピアニストにおける運指や、演劇をする人の発声訓練に相当します。

第2章の後半で、人が知っている語彙には、普段から用いている「使用語彙」と、自分では使わなくても読んだり聞いたりすればわかる「理解語彙」があることを述べました。

初級の日本語を学ぶ外国人にとって、まず学ぶべき単語は、もちろん使用語彙の方です。日本語の教え手をめざすのであれば、使用語彙に属する多くの単語のうち、どれが初級レベルであり、どれが中級レベル以上か、判別できることが必要です。

この判別を公式に定めたものはありませんが、外国人のための公的な日本語テストである「日本語能力試験」の出題基準を定めた本に、初級前半（4級）から上級（1級）までの単語リストが掲載されています。これが一つの目安になるでしょう。

多くの日本語の教科書は、このリストを参考にして作られていますから、このリストを見れば、2級レベルだとこんなことが言えるのか、4級だとこのくらいの程度か、とわかります。

単語の難易度がわかったら、今度は「説明」のトレーニングに入ります。

「説明」とは、ある単語を教える際、それまでに学習者が学んだ単語だけを使って理解してもらう技法のことです。

「鉛筆」「自転車」といった単語であれば、実物を見せたり、写真を示したりすれば、外国人学習者はすぐにわかります。しかし、きちんと口頭で説明しなければならない単語もあります。

たとえば、もっとも広く使われている日本語教科書のひとつである『みんなの日本語初級1』の第15課には、「思い出す」という単語が出てきます。

英語がわかる学習者に対しては、

「『思い出す』は remember です」

と言えばすむかもしれません。しかし、英語ができる学習者ばかりとは限りませんから、この場合には、教科書の第14課までに学習した単語だけを使って、説明することが必要です。

たとえば、大きな世界地図を貼り、特定の国を示しては、学習者に対して、

「日本は……東京です。イギリスは……ロンドンです」

と、その国の首都を口にしていきます。

そして、学習者の国籍を考慮して、クラスの誰もがすぐには思い出せないような首都、たとえばルーマニアを指さして、首をひねって言います。

「ええと、この(2課)国(3課)、ルーマニアの、いちばん(10課)の、町(8課)は……

(カッコ内はその語を学習した課です)」

そのあとで、突然ひらめいた、とばかりに明るい表情を見せながら、

「**思い出しました。**ルーマニアは、ブカレストです。ああ、**思い出しました**」

などと教えてはどうでしょうか。

単に訳語を言うよりもあざやかに、この「思い出す」という語が記憶に残るでしょう。

このような説明の技法は、プロの教師とアマチュアの教え手で、もっとも差が出るところです。ですから説明の練習は一人では難しいところもありますが、ある単語をなるべくやさしく言い換えることは、セルフ・トレーニングの基本です。

僕の経験では、年配の男性が日本語教師を志す場合、単語の説明時に、その語をどんどん難しく言い換えてしまう傾向があるので、このようなトレーニングは特に役立ちます。

「集《あつ》まる」「集《つど》う」の違いをどう教えますか？

また、説明をするうえで避けて通れないのは、似たことばの使い分けです。

「集まる・集う」、「きちんと・ちゃんと」、「居眠り・うたた寝」のように、意味が互いに似ていることばを、「類義語」と言います。類義語の差を説明し、学習者が使い分けられるようにすることは、単語の意味を教えるよりも一段上の技術です。

普通の国語辞典には、類義語の相違はほとんど載っていませんから、たとえば『**基礎日**

本語辞典』（角川書店）のような専門の辞書にあたるのがよいでしょう。ただし、辞書を読んでその通りに説明するのではなく、個々の学習者の知識や理解度に応じて、適切な例文をあげたり、練習したりする必要があります。

たとえば「集まる」「集う」の説明をする場合、

「時間を決めて、みんなが、その時間に、その場所に行きます。集まります」

と、まず「集まる」の説明または復習をします。それから、

「十時に、公園に集まります。それからみんなでデパートへ行きます。集まって、ときどき他のところへ行きます。でも、たとえば、公園に集います。そこでバーベキューをします。集います、そのときは同じところで、何かをします」

と、身振り手振りを付け、やさしい単語で違いが明らかになるような場面を設定したりすれば、わかりやすく用法の違いを伝えることができます。

右にあげた他の二つの組み合わせについても、適切な説明を考えてみてください。同じ教師をめざす仲間と練習しても、このトレーニングはおもしろいものになるでしょう。

また、息抜きのトレーニングとして、

・ある単語グループに属する語をどんどん言ってみる
・単語同士の組み合わせを考える
なども楽しく、また教師としての基礎力が身につく課題です。

たとえば実際の授業では、教師が何か自動詞（たとえば「上がる」）を言い、学習者がそれに対応する他動詞（「上げる」）を答えるような教室活動（アクティビティ、152ページ参照）があります。

このとき、もし教師が「他動詞をペアに持つ自動詞」を二、三個しか言えずに、「ええっと後は何があるかな」と考え込んでしまったら、どうでしょうか。授業が滞ってしまいますね。皆さんはこの組み合わせを今、十個以上思いつきますか。

漢字をカテゴリー別に整理するように、単語もさまざまなグループに分けて整理しておきましょう。グループにはたとえば次のようなものがあります。
・感情を示す形容詞のグループ（「うれしい」「悲しい」など）
・初級の家具の単語グループ（「ベッド」「いす」など）
このようなグループごとに、それを構成する単語をスラスラ口に出せるようにしておくと、授業で戸惑うことがなくなり、学習者の信頼を得ることができます。

次に、「霧が＋晴れる」のような単語同士のよく使う組み合わせを考えるトレーニングは、中級レベル以降の指導をする際に効果を発揮します。

中級以上の日本語学習者は、何千もの単語を覚えなければなりません。しかし、実は私たちがそれらを実際に口にする場合、単語同士の組み合わせはさほど突飛なものではなく、意外と決まりきっているものです。

たとえば「〜の＋無駄」という組み合わせで「〜」に入るものは、ほとんどの場合「お金」「時間」のどちらかです。また同じように、「スイッチを＋〜」であれば、「入れる」「切る」「押す」以外の動詞が来ることはあまり考えられません。

第2章でもふれましたが（49ページ）、この組み合わせを、**「コロケーション」**といいます。

コロケーションを意識すれば、ある単語を教えるときに、「もっとも母語話者が用いそうな組み合わせ」を教えられますから、学習者が自然な日本語を習得する助けになります。

これと似たことばで、同じく第2章の終わりに紹介したものに**「コノテーション」**（60ページ参照）があります。

先にも述べたように、コノテーションとは、たとえば「だらだら」という語が「のんびり」と比べて、同じ動作の遅さを示す語でも否定的な意味を暗示するような、ことばの意味合い・匂いといったものです。ある単語を上手に教えるためには、単に意味や品詞の別だけでなく、コロケーションやコノテーションの知識も整理しておくとよいでしょう。

「アクセント辞典」を活用しよう

次に、音声について再び考えてみます。

第3章では音声と音韻の違いに始まり、

・拍と音節の違い
・特殊拍とは何か
・母音・半母音・子音
・アクセントの2ルール4パターン

などを学びました。音声はさきほどの授業の断片で見たように授業の核になる存在であり、授業を前に進めるためのエンジンです。ですから、自分の言語音に磨きをかけることが、セルフ・トレーニングの基本です。

日本語教師を志すうえで、もっとも大切な音声のトレーニングは、音の高低というアクセントの感覚を磨くことです。

これは、教師養成の特別なコースに出なくても可能なことです。

必要なものは**「日本語アクセント辞典」**です。これは東京のことばの標準的なアクセントを示した辞典で、四千円程度で買えます。複数の出版社から出ていますが、自分で使いやすいものを選べばいいでしょう。

買ってきたら、まず解説を読み、アクセント符号の付け方を学びましょう。

これは、例示通りに行えば、難しくはありません。それがわかったら、新聞や雑誌で目についた単語を紙に書き、語中のどの部分が高くなり、どの部分が低くなるか、アクセントを書き、発音してみます。

それが終わったら、アクセント辞典で答えを一つずつ確認してみましょう。

初めから百パーセント正解になる人は、ほとんどいません。実際に発音できても、正しく高低の印を付けるのは難しいものです。ただし、百語くらい試してみれば、標準的な東京のことばの話者であれば、ほぼ正解できるようになります。

それと並行して、アクセント辞典の見出し語を、声に出してみるのもよいトレーニング

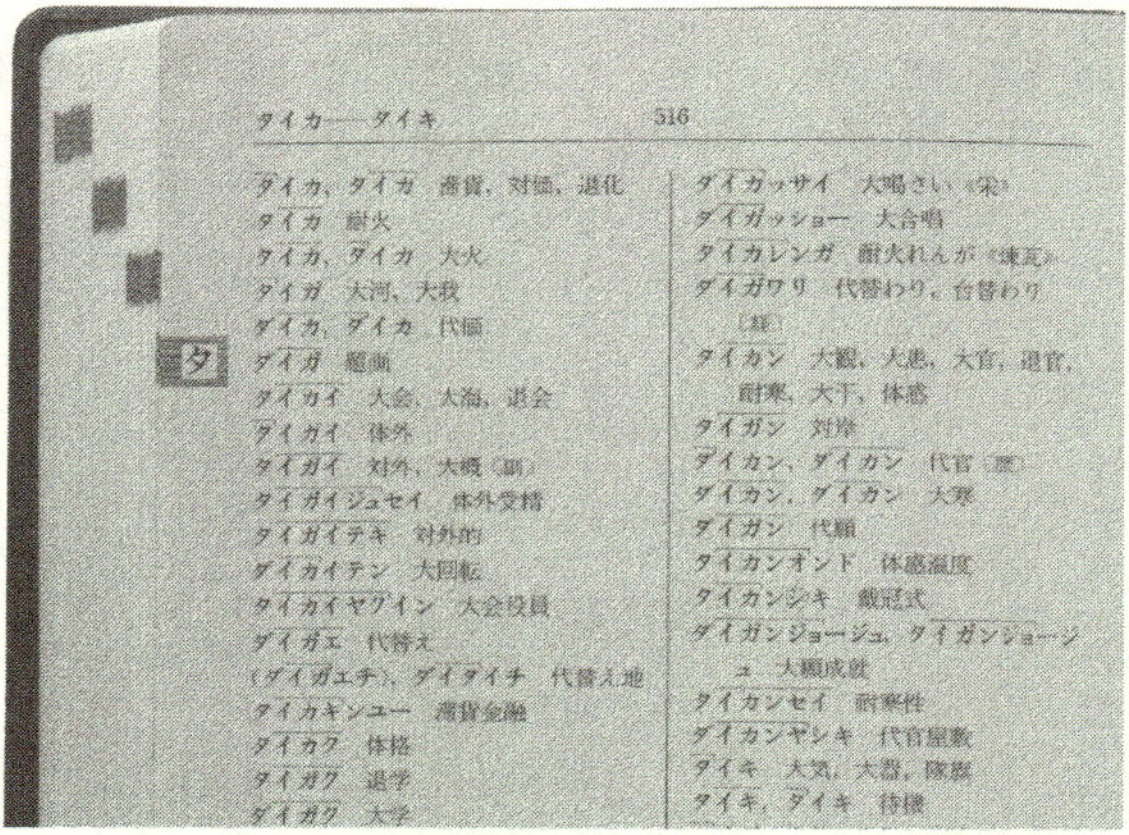
タ

タイカ——ダイキ　516

タイカ、タイカ　滞貨、対価、退化
タイカ　耐火
タイカ、ダイカ　大火
タイガ　大河、大我
ダイカ、ダイカ　代価
ダイガ　題画
タイカイ　大会、大海、退会
タイガイ　体外
タイガイ　対外、大概（副）
タイガイジュセイ　体外受精
タイガイテキ　対外的
ダイカイテン　大回転
タイカイヤクイン　大会役員
ダイガエ　代替え
（ダイガエチ）、ダイタイチ　代替え地
タイカキンユー　滞貨金融
タイカク　体格
タイガク　退学
ダイガク　大学
ダイカッサイ　大喝さい《采》
ダイガッショー　大合唱
タイカレンガ　耐火れんが《煉瓦》
ダイガワリ　代替わり、台替わり
タイカン　大観、大患、大官、退官、耐寒、大旱、体感
タイガン　対岸
ダイカン、ダイカン　代官（歴）
ダイカン、ダイカン　大寒
ダイガン　代願
タイカンオンド　体感温度
タイカンシキ　戴冠式
ダイガンジョージュ、ダイガンジョージュ　大願成就
タイカンセイ　耐寒性
ダイカンヤシキ　代官屋敷
タイキ　大気、大器、隊旗
タイキ、タイキ　待機

アクセント辞典の例（『NHK日本語発音アクセント辞典』NHK放送文化研究所編、NHK出版）

です。

発音する際は、漫然と口にするのではなく、自分の歯や舌をどのように使ってその音が作られているか、観察しながら発音しましょう。大切なことは、自分にとって当たり前の日本語の音を、手のひらに載せて眺めるように、客観的に観察することです。

シャドーイングで耳と口を鍛える

また、東京のことばのアクセントがうまくできない方には、「シャドーイング」というセルフ・トレーニングをお勧めします。

シャドーイングとは元来、通訳の訓練で行われていたものです。これは、ある外国語を聞きながら、たとえば二秒遅れで、その通り

に発音していく練習です。仮に英語のニュースで、

"President Obama stated yesterday that the United States……"

と聞こえたら、yesterday のあたりで、その続きを聞きながら、同時に自分の口で、

"President Obama stated……"

と、そのニュースが終わるまで再現します。

つまり、シャドーイングとは、外国語を聞きながら口にしていく作業です。これは母語でもけっこうたいへんですが、アクセントだけでなく、発音、イントネーション、ポーズといった、言語音の要素すべての練習になります。テレビのニュース番組、ときにはドラマを見ながら行うと、耳と口のよい訓練になります。

文法の「四つの秘訣」でセルフ・トレーニング

第4章では、外国人の日本語学習のための文法は、「文型」という単位で示すことを学びました。

文型は教科書に出てくるのはもちろん、市販の「文型辞典」にも網羅されていますから、この辞典は必携です。しかし、セルフ・トレーニングとして辞書を読み進めるのは、

（大切ではありますが）工夫しないと行き詰まってしまいます。

そこで第4章の最後にあげた、日本語教育の「四つの秘訣」を活用しましょう（144～153ページ）。以下の四つでしたね。

①文型の「拡張」を利用して授業を進めること
②学習者に耳を使わせること
③ある語や文型のリアルな使用状況を追求すること
④文を用いて話す試みをさせること

ここでは例として、最初の秘訣である「拡張」についてもう一度考えてみます。

個々の文型というものは、他の文型と何らかの関連を持っています。たとえば、

「赤ちゃんは泣く**ものだ**」


と、動詞の辞書形（106ページ参照）に「ものだ」がついた文型は、**人や物の本来の様相**を表すものです。

しかし動詞が辞書形から過去形になると、

「子供のときはよく泣いた**ものだ**」

と、**感慨**を示す意味に変わります。あるいは「ものだ」に「から」がつくと、

「赤ちゃんがあまり泣く**ものだから**心配になってしまった」

などと、今度は**理由**を示す文型に拡張します。

日本語教師にとって大切なことは、これらを、**どの順で教えれば適切なのか、どんな例文がよいのかを考えること**です。

文型を教えるときは、外国人の立場からそれを客観的にとらえることが必要です。たとえば、先の三つの「ものだ」を用いた例文をみたとき、文型の拡張に気づく読者は、あまり多くないと思います。普通の日本人と日本語教師の差は、そこにあります。

また、文型の多くには、動詞が関わっています。そしてもちろん「スイッチを切る」のように、動詞の使用には、いわゆる「てにをは」、助詞と名詞の組み合わせが関係してきます。日本語の助詞についてはこの本では十分にふれていませんが、日本語教育では特に、

・ある述語と名詞の文法的な関係を示す助詞の「格助詞」

・文中のある要素について話し手がどう思うかを示す「とりたて助詞（「だけ」「しか」「こそ」など）」

が重要になります。格助詞やとりたて助詞に関する勉強については、巻末のブックガイ

ドを参考に進めてください。

なお第5章であげた、テンス、アスペクト、ボイス、ムードといった述語の中の文法関係は、奥が深く、なかなかセルフ・トレーニングではまにあいません。

この本では、初級後半までの単文（一つの文に一つの述語がある文）の分析を行いましたから、初級の教科書を読み進めながら、ここは受け身だからボイスの導入、この「た」はテンスではなくてアスペクト、などと、自分の知識と照らし合わせていけば十分です。

日本語を教える仕事に就くために

ではセルフ・トレーニングは自分で進めるとして、実際にどうすれば日本語教師になれるのか、その方法について、具体的に紹介します。

まず、日本語教師の需要について考えます。

日本語を学ぶ人は、まだまだ増えていくと予想されますから、国籍を問わず、優秀な教え手のニーズもこの先十年以上、減ることはありません。ただし、日本語が教えられるといっても、それは世界中どこでも雇ってもらえるという意味ではありません。この点は気をつける必要があります。

「国の政策としての日本語教育」の重要性も、減ることはないでしょう。

たとえば、日本に来る留学生の就職まで面倒をみよう、仕事に役立つ日本語を教えよう、という「アジア人財資金構想」（経済産業省と文部科学省による二〇〇七年から始まった政策）にはすでに三十億円以上の予算がついて、実施されています。

ここで大切なことは、「人並みの知識・技能を身につける」というゴールを設定するのではなく、それは当然と考え、さらに自分の経験や得意な分野を考え、それと日本語教育をどのように結びつけるか、という独自の日本語教師像を描いて、それをゴールにすることです。

なるべく具体的な構想を持ち、自分のオリジナリティに磨きをかけ、与えられた場所でベストを尽くしていれば、よりよい条件で日本語を教えられるチャンスは何回か、必ず訪れます。

ボランティアとして教える

まったく日本語を教えたことがないけれど、興味があるのでちょっと教えてみたい、そんな人にとって、もっとも現実的な、まずできることは何でしょうか。

それは、地域のボランティアグループに登録することです。

日本に定住する外国人は増えていますし、生活のために日本語運用力をつけなければならない人も数多くいます。そういう人たちのために、ボランティアグループは自治体と協力しながら、日本語教室を運営しています。教室の確保、教材の選定、担当する教師の割り振りなど、細かな用事に忙殺されながら授業もこなしているボランティアの人たちには、会うたびに頭が下がります。

地域によって人手が足りているところ、常に足りないところと事情はさまざまですが、事務的な手伝いをすることも念頭に、まずは足を運んでみることを勧めます。僕が見知っている中では、仙台市や横浜市港南区のボランティアグループなどは、規模といい活動内容といい、世界に誇れる組織作りをしています。

仮に教師の枠に空きがなく、すぐに授業ができなくても、教材を見たり、勉強会に参加したりすることは可能です。なかには授業見学ができる機関もありますので、一人の勉強では得られない刺激があるでしょう。

日本語教育能力検定試験

金額の多寡はさておき、報酬を得て、日本語教育のプロとしてやっていきたいと考える場合は、章の初めで述べたように「日本語教育能力検定試験」の合格が目標となります。

この試験は二〇〇九年には二十三回目を迎え、公的な性格の試験として、かなりの認知度を持つようになりました。日本語学校などの募集要項では、検定の合格を条件にあげているところが増えており、目標とするには十分です。

現在、試験の合格を目標の一つとして、日本語学校や大学など様々な機関が、日本語教師の養成講座を開講しています。通信教育もいくつかあり、自宅から通えない場合でも、選択肢はあります。

また出版社をはじめ、検定の情報を提供してくれるウェブサイトは六十以上もありますから、気に入ったものを登録しておくのもよいでしょう。過去の問題集とウェブサイトの勉強だけでも、合格に向けてかなりのことはできます。

プロとしてこの仕事に進んでいくための両輪は、前述のようにセルフ・トレーニングを続けることと、そして自分の生徒を持つことです。

セルフ・トレーニングとは、要するに勉強です。

さきほど述べたように、日本語学や日本語教育の勉強は、自分がすでに知っているはずの知識を再確認し、整理づける側面が大きいものです。ですから、難しい部分はありますが、じっくり時間をかけて取り組めば、必ず答えの筋道が見つかりますし、腰をすえた勉強は、重みのある達成感を伴います。検定の合格レベルまでいけば、プロが多数集まる学会や研究会に参加する道も開かれています。

最近では、論集や紀要などの専門誌を所蔵する大学図書館が、地域サービスとして資料の公開を進めています。専門の勉強のための環境は、以前と比べてはるかに快適になりました。また、インターネットの関連サイトの充実も見逃せません。

しかし、いくらトレーニングを重ねても、それはテニスで言う素振りや壁打ちです。プロをめざすのであれば、アマチュアの段階から、自分の生徒を持つほうがよいでしょう。養成講座などに通う場合も、自分の学習者がいる方が、受講内容の理解度が天と地ほどに違います。

まだ少ない知識で学習者に教えるなんて、と尻込みする気持ちもわかります。

しかし、誰かを教え始めないことには、技量は永遠に向上しません。

英語にはEverybody has to start somewhere.（誰でも最初はビギナー）という決まり文句があります。日本語の勉強が大好きで、学習者に教えたい気持ちがあれば、いきなりお金を取らない限り、プロの先生のように上手に教えることはできなくても、普通は感謝されますし、結局はそれがプロになる近道です。

ただし、プロをめざす場合は、前に述べたように、何か外国語の運用力を身につけておいたほうがよいでしょう。

直接法、つまり日本語だけを使って日本語を教える限り、授業で外国語の運用力を求められることはありません。しかし、たとえばタイ人に日本語を教える場合、タイ語と日本語を比較・対照したうえで音声や文法の違いがわかっていれば、
・なぜタイ人はこういう間違いをするのか
・タイ人は日本語のどの部分を誤解しやすいのか
などが理解できます。ですから、何か外国語、できれば学習者の母語について、ある程度の知識と運用力がある方が望ましいのです。

もし今、できる外国語がないという方は、新しく先生について始めるのもいいことだと思います。初級の外国語を学ぶ苦労や学習者の気持ちがわかれば、そのことは教え方に、必ずよい影響を与えます。

0と1の間の日本語――これからの日本語コミュニケーションのかたち

最後の話をします。

日本語を学び、それを日本で使う外国人は、増えています。日本語を流暢《りゅうちょう》に使う外国人を身近に知っている人も読者のなかには多いでしょうし、テレビでそういう人たちを見たことがある人なら、もっと多いことでしょう。

ところが、日本語という外国語を話す人びとに対して、私たち日本人は、実はかなり厳しいのです。言い換えれば、日本人は、外国人が使う日本語を認めるハードルが、意外に高いのです。

この母語への許容度について、たとえば日本とアメリカとを比べてみましょう。

アメリカは、基本的に移民が作った国です。つまり、ほとんどのアメリカ人の祖先は、外国人としてアメリカに来ましたし、アメリカは今でも移民を受け入れています。ですから、アメリカ人やアメリカのコミュニティは、外国語として英語を使う人の存在、そしてその人たちが話すたどたどしい英語や訛《なま》りのある英語に慣れっこです。スタンダードな米語の響きに親しんだ私たちの耳には奇妙に聞こえる多様な英語が、アメリカでは今現在も共存していますし、人びとはそれを当然のものとして受け入れています。

ところが、日本ではどうでしょうか。

初対面で日本語を話す外国人に対しては、まだカタコトであっても、

「日本語が上手ですねえ！」

と賞賛する人が少なくありません。

けれども、それは、相手を「お客さん」とみなしているうちのことです。

実際にその人と毎日のように接し、仕事や生活の上でやりとりをするようになると、評価は変わります。

たとえば彼らが助詞の「に」「で」の使い方を混同したり、聞き取りにくい発音をしたりすると、内容よりもそちらの間違いに気をとられてしまい、思ったより日本語が下手だ、たいしたことはない、と考えがちです。

それには、理由があります。私たちはアメリカ人のように、日々の暮らしで「変な母語」に囲まれていないから、ひどく気になるのです。

私たちはずっと、
・日本人は日本にいて日本語を話す

・外国人は外国にいて日本語を話さない
　という前提で生活してきました。

　しかし、日本に来る外国人の数はどんどん増え、その中で日本語を使う人の数も増えてきています。

　言い換えれば、**当の日本人よりも先に、日本語という言語が国境を越えて用いられるようになり、「国際化」してしまった**のです。

　外国人のなかには、日本人の日本語と区別できないほど、上手な日本語を使う人もいます。しかし、多くの人たちは、アクセントがおかしかったり、単語の組み合わせが妙だったり、助詞を間違えていたりします。

　それを全部「あの人の日本語は正しくない」「あの日本語じゃダメだ」という枠に押し込め、肝心の話す内容をきちんと評価しないでいたら、どうでしょうか。外国人と私たちの、日本語によるコミュニケーションは、いつまでも成り立ちません。

　数字の0と1の間には、無数の数が存在します。

　同じように「正しい日本語」と「正しくない日本語」の間にも、さまざまなバリエーションが存在します。

発音が下手だから外国人の日本語はダメ、という画一的な見方でなく、時に間違いを善意で指摘しながらも、話はきちんと聞き、その中身や内容を評価して誠実に応えることが、これからの日本人には求められるでしょう。

その評価のためのキーワードは、**「共感」**です。

この共感とは、母語であるか否かにかかわらず、コミュニケーションの方法として日本語ということばを選びとった他者の気持ちを、自分のもののように感じとるような心のありようです。

私たちは、自分の周囲は日本人がいる日本であり、何か境界を隔てた外に外国人がいる外国がある、という単純な世界観でものごとをとらえがちです。その境界の一つが、日本語ということばです。日本人は日本語を使うからウチの人、外国人は違うことばを使うからソトの人、というこの心理的な境界は、日々の生活の大前提といってよいほどでした。

しかしいまは、たとえば国際アニメフェアで、スウェーデン人と韓国人が互いの共通語として日本語を用いているような状況は、ごく普通です。このような場合、日本語ということばは私たち日本人とかかわりなく、国際的な共有物として機能しています。日本語はもはや私たち日本人だけのものではないのです。戸惑うことですが、多くの外国人が用いる外国語という側面も持つようになっているのです。

外国人が使う日本語は、私たちの基準からすると美しくはないし、認めがたいものかもしれません。けれども、それをこの世界で日本語ということばが外国語として使われているのだ、私たちの母語を使ってくれているのだ、と日本語が地球規模で育っていく過程を認めていく度量(=共感)を持つことで、私たちは世界観を変えることができます。心の境界線を飛び越えて、もっとおおらかに世界を見つめられます。

「日本語という外国語」の知識、そしてそれを学ぶ学習者への共感は、日本語教師になるためだけに必要なものではありません。私たちが国際化した母語を見直し、外国人との新しいコミュニケーションのかたちを作っていくための、大切な資産となり、構えとなるものなのです。

日本語学・日本語教育についてもっと知りたい人のためのブックガイド

ここでは、日本語学・日本語教育に関心を持つ読者のために、何冊か参考書を選んでみました。第6章後半で述べた「セルフ・トレーニング」の参考に読んでみることを勧めたいと思います。なお、なかには品切れの本もありますが、図書館などでさがして読んでみてください。

まず、学校で習った文法と違う考え方を身につけるための一冊として、近年再版になった、**鈴木重幸『日本語文法・形態論』(むぎ書房)**があります。明星学園の国語部会による、日本語を母語とする子供のための教科書「にっぽんご」のうち「4の上」の解説書です。独自な表記による平易な文体で、学校文法とは異なる考え方を勧めるこの本は、国語教員、日本語教師に多くの支持者を持っています。

次に日本語学全般を知るための一冊として、**庵功雄『新しい日本語学入門　ことばのしくみを考える』(スリーエーネットワーク)**を勧めたく思います。この本は特別な知識を必要とせず、しかし読み通せばかなり高度な日本語の諸知識がしっかりと頭に残ります。庵氏はもともとテキスト言語学の研究者なのですが、この本以外にも読みごたえのある日本語文法書を共著で出しており、学者としての厚みが伝わってきます。

日本語の音声については、やや古いものやとっつきにくいものが多いのですが、**戸田貴子**『**日本語教育と音声**』(**くろしお出版**)が、最新の動向も含め、レベルの高い論考を展開しています。ただし、第2部以降はやや専門的な議論になりますので、第1部のみをまず読み、興味を持った人は同じ著者による『**コミュニケーションのための日本語発音レッスン**』(**スリーエーネットワーク、CD付**)でセルフ・トレーニングをすれば、そのまま「日本語教育能力検定試験」の対策になります。

日本語の語彙を広く知るためには、**仁田義雄**『**辞書には書かれていないことばの話**』(**岩波書店**)をお勧めします。仁田氏は『**語彙論的統語論**』(**明治書院**)、『**日本語のモダリティと人称**』(**ひつじ書房**)などの著書を持つ言語学者ですが、この本は一般読者向けにわかりやすく書かれており、辞書論にも踏み込んだ好著です。**岩波書店**『**もっと知りたい! 日本語**』**シリーズ**の一冊ですが、**金水敏**『**ヴァーチャル日本語 役割語の謎**』をはじめ、このシリーズの本はすべてお勧めです。

また**森田良行・村木新次郎・相澤正夫**『**ケーススタディ 日本語の語彙**』(**おうふう**)は、議論が具体的で、少しずつ読み進めることのできる一冊です。この「ケーススタディ」のシリーズは、日本語教師の間で高く評価されています。とりわけ**寺村秀夫ほか『ケーススタディ　日本文法』**は、これを読んでいないプロの教師はいないと思われるほど、ポピュラーな一冊です。

文法に関しては、いわゆる四大文法（山田孝雄《よしお》・松下大三郎・橋本進吉・時枝誠記《もとき》がそれぞれ唱えた現代日本語文法を代表する文法）を避けては通れません。けれども、専門家ではない読者には、**益岡隆志・田窪行則『基礎日本語文法』（くろしお出版）**を、項目ごとの解説の詳しさや説明のわかりやすさからお勧めします。参考文献も充実しており、さらに先に進むための指針も示してくれています。

同書の共著者の一人である益岡氏には、**『24週日本語文法ツアー』（くろしお出版）**もあります。こちらはややややさしめです。

さらに、四大文法の流れとは違いますが、言語教育の実践を視野に入れた**寺村秀夫『日本語のシンタクスと意味』1〜3巻（くろしお出版）**は、未完の大著ながら、プロをめざすのであればそろえておきたいものです。個人的にはテンス、アスペクト、モダリティを論じた第2巻が、特に役立つと思います。

「語用論」とは、言語表現と書き手・話し手との関係や文脈との関係を研究する分野です。本書では扱いませんでしたが、この分野に関心を持つ方のために、**山梨正明『推論と照応』（くろしお出

版）を勧めておきます。残りのページが少なくなっていくのがもったいないと思えるほどに、刺激的な考察が続きます。じっくり、ゆっくり読んでください。おもしろい、と思った読者には、英語の知識が必要となりますが、山梨言語学の世界が待っています。

日本語と英語を対照させたよい入門書としては、**瀬戸賢一『日本語感覚で話す英会話』（ノヴァ）**があります。レトリック研究の第一人者である瀬戸氏が、日英二つの言語の感覚・場所・運動の共通点について平易に語っています。ことば一般に対する感覚の鋭敏さを養うために、必読の一冊といえます。

日本語教育の入門書であれば、手前味噌で恐縮ですが、**拙著『もしも…あなたが外国人に「日本語を教える」としたら』〔正・続〕（スリーエーネットワーク）**をご一読ください。これは、まったく日本語教育の知識がない人が外国人に日本語を教えることになったらどうなるか、「実況中継」仕立てで、日本語の教え方や技法について解説した本です。

同様にわかりやすい入門書としては、**姫野昌子ほか『ここからはじまる日本語教育』（ひつじ書房）**があります。この本は、本書第6章の「セルフ・トレーニング」を体現した一冊で、実際に教えるようになっても長く参考になるはずです。

最後に、アカデミックな立場から書かれたのではない日本語論として、**片岡義男『日本語で生き**

ることは』（筑摩書房）、**『日本語の外へ』（角川文庫）**などの一連の日本語についての著作を勧めたく思います。母語を透徹した視線で客観視する作家・片岡氏の論旨は、明快で説得力があり、日本論・日本人論としても読みごたえがあるでしょう。

右に記したものは、僕の研究・教育および個人的な読書の経験から選んだものです。日本語関係の良書はまだ数百冊以上あります。ここであげた本をとっかかりにして、小さくてもゆたかな、自分だけの「日本語図書館」を作ってください。

おわりに

日本語ブームといわれて、どれくらいの年月がたったでしょうか。

日本人が日本語に興味を持ち、関連の書籍が多く出版され、テレビの教養番組からバラエティ番組まで幅広く取り上げられる——この現象は一過性のものではないようです。書籍であれ、番組であれ「日本語もの」というジャンルとして定着しました。

その日本語ブームは、国外にもあります。

こちらは、日本語を外国語として学ぼう、というブームです。日本が経済大国だからか、日本製のアニメがおもしろいからか、科学技術を学ぼうとしてか、動機はいろいろですが、本書で述べたように、いつのまにか外国人の日本語学習者は三百万人に達する勢いです。中国語に押され気味とは言え、まだまだ日本語学習者は増えていくことでしょう。

僕自身もまた、この二つのブームの影響を受けてきました。そしていまもその影響下にあります。

論文一本だけで立教の仏文科に潜り込み、好き勝手に本を読んで遊んでいたとき、ボードレールを講じていた中島弘二先生がパリの大学へ日本語を教えに行く、と聞いたのが、日本語教師という仕事を知った最初です。

母語を客観視するおもしろさに目覚め、東京・港区の日本語学校で教え始めた一九八〇年代半ば、海外の日本語ブームは最高潮に達しつつありました。そんな渦中にあり、授業だ、勉強だ、あるいは教材の開発だ、と忙しくしているうち、いつのまにか二十年以上もこの業界にいることになってしまいました。

いま僕は、留学生に日本語を教えるのと同様、日本語教師の養成にも携わっています。新しい受講者には、外国語を見るように日本語を観察し、分析することの必要性をまず説きます。

ところが日本語ブームでありながら、適切な入門書はなかなか見つかりません。おもしろそうなことが書いてある本でも、単に雑学の集積にすぎなかったり、逆に「入門書」と銘打っていながら、いきなり高度な内容に踏み込んでいるものがあったりで、体系立っており、かつ、やさしく読み通せるレベルの本は、意外にないことに気がつきました。

しかたなく、授業では、留学生向けに英語で行っていたTopics in Japanese Linguistics（日本語学の諸点）という別講義のプリントを日本語に直して使っていましたが、僕の別著作を読んでくれた講談社現代新書出版部の堀沢加奈さんが、このタッチで日本語学と日本語教育をつなぐ新書を書いてみては、と勧めてくれました。

そんな本があれば日本語教師の養成に役立つし、また日本語教師をめざす、めざさないに関係なく、日本語というものを考えてみたい、もう少し勉強したい、と思う人たちへのガイドにもなるだろう、そう考えて引き受けました。二〇〇八年の秋のことです。

前に作ったプリントがあるから大丈夫かな、と、甘い見通しで引き受けましたが、学術的な事項も含めてわかりやすく書くことは、本当に大変でした。

二十年以上前に読んだ論文を再読したり、逆に最新の動向に当たったりと、ガイドを作るはずの自分が適切なガイドブックを探す、という本末転倒になってしまいました。もちろん、この小著では、日本語に関する諸事項をすべて網羅できてはいません。しかし、外国人の学習者が眺めるように日本語を考え直すための試みはぎっしりと詰まっています。

本書をきっかけにして、読者の皆さんが消えかかっていた日本語への興味を新たにしたり、また外国人への日本語の教え手をめざして下さったりしたら、僕はとてもうれしく思います。

なお語彙における統計については治山純子氏（杏林大学非常勤講師）にお世話になり、また章立てや内容は、盟友である鍋島弘治朗さん（関西大学准教授）との他愛ないおしゃべりから着想を得ました。お二方および編集者として支えてくださった堀沢さんに、ここで感謝を申し上げます。ありがとうございました。

二〇〇九年七月

さいたま市大戸の書屋にて

荒川　洋平

写真クレジット
p.51　撮影：平松孝由
p.131　撮影：青山弘和
p.177　提供：Corbis

N.D.C. 810　250p　18cm
ISBN978-4-06-288013-8

講談社現代新書　2013

日本語《にほんご》という外国語《がいこくご》

二〇〇九年八月二〇日第一刷発行　二〇二五年二月五日第一二刷発行

著者　荒川洋平《あらかわようへい》　©Yohey Arakawa 2009

発行者　篠木和久

発行所　株式会社講談社
東京都文京区音羽二丁目一二—二一　郵便番号一一二—八〇〇一

電話　〇三—五三九五—三五二一　編集（現代新書）
〇三—五三九五—五八一七　販売
〇三—五三九五—三六一五　業務

装幀者　中島英樹

印刷所　株式会社KPSプロダクツ

製本所　株式会社KPSプロダクツ

定価はカバーに表示してあります　Printed in Japan

「講談社現代新書」の刊行にあたって

教養は万人が身をもって養い創造すべきものであって、一部の専門家の占有物として、ただ一方的に人々の手もとに配布され伝達されうるものではありません。

しかし、不幸にしてわが国の現状では、教養の重要な養いとなるべき書物は、ほとんど講壇からの天下りや単なる解説に終始し、知識技術を真剣に希求する青少年・学生・一般民衆の根本的な疑問や興味は、けっして十分に答えられ、解きほぐされ、手引きされることがありません。万人の内奥から発した真正の教養への芽ばえが、こうして放置され、むなしく滅びさる運命にゆだねられているのです。

このことは、中・高校だけで教育をおわる人々の成長をはばんでいるだけでなく、大学に進んだり、インテリと目されたりする人々の精神力の健康さえもむしばみ、わが国の文化の実質をまことに脆弱なものにしています。単なる博識以上の根強い思索力・判断力、および確かな技術にささえられた教養を必要とする日本の将来にとって、これは真剣に憂慮されなければならない事態であるといわなければなりません。

わたしたちの「講談社現代新書」は、この事態の克服を意図して計画されたものです。これによってわたしたちは、講壇からの天下りでもなく、単なる解説書でもない、もっぱら万人の魂に生ずる初発的かつ根本的な問題をとらえ、掘り起こし、手引きし、しかも最新の知識への展望を万人に確立させる書物を、新しく世の中に送り出したいと念願しています。

わたしたちは、創業以来民衆を対象とする啓蒙の仕事に専心してきた講談社にとって、これこそもっともふさわしい課題であり、伝統ある出版社としての義務でもあると考えているのです。

一九六四年四月　野間省一

哲学・思想Ⅰ

66 哲学のすすめ——岩崎武雄
159 弁証法はどういう科学か 三浦つとむ
501 ニーチェとの対話——西尾幹二
871 言葉と無意識——丸山圭三郎
898 はじめての構造主義 橋爪大三郎
916 哲学入門一歩前——廣松渉
921 現代思想を読む事典 今村仁司 編
977 哲学の歴史——新田義弘
989 ミシェル・フーコー 内田隆三
1001 今こそマルクスを読み返す 廣松渉
1286 哲学の謎——野矢茂樹
1293 「時間」を哲学する——中島義道
1315 じぶん・この不思議な存在——鷲田清一
1357 新しいヘーゲル——長谷川宏
1383 カントの人間学——中島義道
1401 これがニーチェだ——永井均
1420 無限論の教室——野矢茂樹
1466 ゲーデルの哲学——高橋昌一郎
1575 動物化するポストモダン 東浩紀
1582 ロボットの心——柴田正良
1600 ハイデガー=存在神秘の哲学——古東哲明
1635 これが現象学だ——谷徹
1638 時間は実在するか 入不二基義
1675 ウィトゲンシュタインはこう考えた 鬼界彰夫
1783 スピノザの世界——上野修
1839 読む哲学事典——田島正樹
1948 理性の限界——高橋昌一郎
1957 リアルのゆくえ——大塚英志 東浩紀
1996 今こそアーレントを読み直す——仲正昌樹
2004 はじめての言語ゲーム——橋爪大三郎
2048 知性の限界——高橋昌一郎
2050 超解読! はじめてのヘーゲル『精神現象学』 竹田青嗣 西研
2084 はじめての政治哲学 小川仁志
2099 超解読! はじめてのカント『純粋理性批判』 竹田青嗣
2153 感性の限界——高橋昌一郎
2169 超解読! はじめてのフッサール『現象学の理念』——竹田青嗣
2185 死別の悲しみに向き合う——坂口幸弘
2279 マックス・ウェーバーを読む——仲正昌樹

哲学・思想Ⅱ

知的生活のヒント

日本語・日本文化

P